danzig & unfried

INFORMATIONS- UND MEDIENRECHT
Band 10

Doruk Akpolat

Open-Access-Pflicht?

Rechtliche Analyse einer Veröffentlichungspflicht von öffentlich finanzierten wissenschaftlichen Werken

danzig & unfried

Die Ausführungen im vorliegenden Werk geben ausschließlich die persönliche Meinung des Autors wieder und binden die Datenschutzbehörde in keiner Weise.

Informieren Sie sich über Neuerscheinungen:
https://news.danzigunfried.com/booknews

www.danzigunfried.com
Printed in Germany
ISBN 978-3-902752-95-6

Inhalt

Vorbemerkung

An dieser Stelle möchte ich mich bei meiner Familie insb meinen Eltern Adalet AKPOLAT und Elbeyi AKPOLAT, meiner Schwester Dilara AKPOLAT sowie meiner Lebensgefährtin Nina LUDIG für ihre ständige und bedingungslose Liebe, Unterstützung und Zuversicht bedanken. Ebenso gilt ein großer Dank an Sabina ALIC, David HEHER und Albina GROSS für die sorgfältige Durchsicht meiner Arbeit.

Beim Verfassen dieser Arbeit wurde auf eine gendergerechte Formulierung Rücksicht genommen. Alle personenbezogenen Bezeichnungen beziehen sich gleichermaßen auf sämtliche Geschlechter. Wenn beim Verwenden einer Form eine andere Form in unbeabsichtigter Weise vergessen wurde, so möchte ich klarstellen, dass diese selbstverständlich umfasst ist.

Sämtliche Weblinks wurden zuletzt am 12. 5. 2023 auf ihre Gültigkeit geprüft.

Abkürzungsverzeichnis

ABGB	Allgemeines Bürgerliches Gesetzbuch
ABl EU	Amtsblatt der Europäischen Union
Abs	Absatz
APC	Article Processing Charges
Art	Artikel
AT2OA2	Austrian Transition to Open Access 2
BOAI	Budapester Open Access Initiative
bspw	beispielsweise
bzgl	bezüglich
bzw	beziehungsweise
BWLHG	Gesetz über die Hochschulen in Baden-Württemberg
B-VG	Bundesverfassungsgesetz
CC	Creative Commons
DSGVO	Datenschutzgrundverordnung
DSM-RL	Richtlinie 2019/790 des Europäischen Parlaments und des Rates vom 17. April 2019 über das Urheberrecht und die verwandten Schutzrechte im digitalen Binnenmarkt und zur Änderung der Richtlinien 96/9/EG und

	2001/29/EG, ABl EU Nr. L 130/92 vom 17.05.2019
dUrhG	Deutsches Urheberrechtsgesetz
ErläutRV	Erläuterung zur Regierungsvorlage
EMRK	Europäische Konvention zum Schutz der Menschenrechte und Grundfreiheiten
ERC	European Research Council
EU	Europäische Union
EuGH	Europäischer Gerichtshof
ff	fortfolgende
FHG	Fachhochschulgesetz
FWF	Fonds zur Förderung der wissenschaftlichen Forschung
gem	gemäß
ggf	gegebenenfalls
grds	grundsätzlich
hM	herrschende Meinung
Hrsg	Herausgeber
ICESCR	Internationaler Pakt über wirtschaftliche, soziale und kulturelle Rechte
idR	in der Regel
InfoRL	Richtlinie 2001/29/EG des Europäischen Parlaments und des Rates vom 22. Mai 2001 zur Harmonisierung bestimmter Aspekte des Urheberrechts und der verwandten Schutzrechte in der Informationsgesellschaft, ABl EU Nr. L 167/10 vom 22.06.2001
Insb	Insbesondere
IPR	Internationales Privatrecht
iSd/iSv	im Sinne des/der/von
iVm	in Verbindung mit
OA	Open Access
OGH	Oberster Gerichtshof
Rn	Randnummer
Rsp	Rechtsprechung
sog	sogenannte, -r, -en-, es
StGG	Staatsgrundsgesetz über die allgemeinen Rechte der Staatsbürger
ua	unter anderem
UG 2002	Universitätsgesetz 2002
UrhG	Urheberrechtsgesetz

usw	und so weiter
mE	meines Erachtens
va	vor allem
Vgl	vergleiche
zB	zum Beispiel

Abkürzungsverzeichnis zitierter Zeitschriften

ALJ	
BB	Austrian Law Journal
Betriebsberater	
Ecolex	Die Fachzeitschrift für Wirtschaftsrecht
GRUR Int	Gewerblicher Rechtsschutz und Urheberrecht Internationaler Teil
MR(-Int)	Medien und Recht – Zeitschrift für Medien- und Kommunikationsrecht, Medien und Recht International
MMR	Multimedia und Recht – Zeitschrift für IT-Recht und Recht der Digitalisierung
NJW	Neue Juristische Wochenschrift
NJHR	Nordic Journal of Human Rights
ÖBl	Österreichische Blätter für gewerblichen Rechtsschutz und Urheberrecht
OdW	Ordnung der Wissenschaft
ZaöRV	Zeitschrift für ausländisches öffentliches Recht und Völkerrecht
Zfhr	Zeitschrift für Hochschulrecht

Einleitung

I. Ausgangslage

Die Zukunft des wissenschaftlichen Publizierens und die damit verbundene Novellierung bestehender Rechtsnormen spaltet die Wissenschaft. Für die Wissenschaft als objektive Suche nach Wahrheit in einem Prozess von Versuch und Irrtum (iSv Karl Popper) und nach Wilhelm von Humboldt als »etwas nicht ganz Gefundenes und nie ganz Aufzufindendes« ist die Kommunikation von Forschungsergebnissen unverzichtbar.[1] Der Informationsaustausch dient einerseits der Vermeidung von zeit- und kostenintensiven Recherchen, andererseits der Kritik und Kontrolle und damit dem Anstoß bzw. der Anregung zu neuen Wegen in der Forschung. Dies wird am besten durch wissenschaftliche Publikationen erreicht. Die Notwendigkeit des Zugangs zu wissenschaftlichen Ergebnissen ist unbestritten. Während über die Ziele des Zugangs zu Forschungsergebnissen Einigkeit besteht, gehen die Meinungen über die Art und Weise, wie diese Ziele erreicht werden sollen, auseinander.[2]

»Information wants to be free« ist eine Idee von Stewart Brand auf der »Hacker Conference« 1984. Er meint damit: Information sollte für jeden frei zugänglich sein.[3] Überträgt man diesen Gedanken auf die Wissenschaft und die Kommunikation von Forschungsergebnissen, ist man nicht weit entfernt von der Open-Science-Bewegung und dem Konzept des Open Access (OA) – der Forderung nach uneingeschränktem und kostenfreiem Zugang zu wissenschaftlicher Information und Forschung.[4]

---

1 *Sandberger*, Die Zukunft wissenschaftlichen Publizierens, Open Access und Wissenschaftsschranke, Anmerkungen zu den Kontroversen über die Weiterentwicklung des Urheberrechts in Ordnung der Wissenschaft, 2. Auflage aus 2017, 75–76; *Keuth*, Karl Popper: Logik der Forschung, 2013, 2.

2 *Sandberger*, OdW 2 (2017), 76–77.

3 *Brand*, KEEP DESIGNING, How the Information Economy is being created and shaped by the Hacker Ethic, in Hacker Conference 1984, 49, abrufbar unter: https://www.tech-insider.org/personal-computers/research/acrobat/8505-a.pdf (Stand: 12.05.2023).

4 Open Science Network Austria, Über Open Science, abrufbar unter https://www.oana.at/ueber-open-science/ (Stand: 12.05.2023); Open Science Austria, Glossar, abrufbar unter: https://www.osa-opensciencesaustria.at/

Die Covid-19-Pandemie hat die Diskussion um Open Access neu entfacht. Weltweit haben Unternehmen und Universitäten in Selbstverpflichtungserklärungen die Freigabe von geistigem Eigentum als Beitrag zur Krisenbewältigung gefordert (Open Covid Pledge).[5] Umgesetzt wurde dies mit der Einräumung von umfangreichen Nutzungsrechten (insb Open COVID License).[6] Die dauerhafte freie Verfügbarkeit wissenschaftlicher Informationen wird in der Open-Access-Community als wichtiger Parameter für die globale Zusammenarbeit angesehen und kann als nachhaltige Lösung zur Krisenbewältigung dienen.[7]

Rund ein Viertel der wissenschaftlichen Information und Forschung in Österreich kann dem Hochschulsektor zugerechnet werden.[8] Ein Großteil der Universitäten wird idR aus öffentlichen Mitteln finanziert, d.h. vom Bund, den Ländern oder anderen öffentlichen Forschungsförderern wie dem FWF. Die Forschung dieser Einrichtungen wird somit u. a. auch vom Steuerzahler finanziert und wird im Sinne eines fairen Umgangs mit Steuergeldern oft als Grund für OA angeführt. Wissenschaftliche Publikationen sollen frei verfügbar und nachnutzbar sein. Durch die freie Nutzung wissenschaftlicher Publikationen kann nach Ansicht der OA-Befürworter sichergestellt werden, dass die Steuergelder sinnvoll eingesetzt werden.[9] Ein weiteres Argument für Open Access ist, dass »*wissenschaftliche Informationen und Forschung eine umfassende Quelle menschlichen Wissens und kulturellen Erbes ist*«.[10] Der freie Zugang

---

open-science/open-science-glossar/ (Stand: 12.05.2023).

5 Open Access Network, Open Access während der Covid-19 Pandemie, abrufbar unter https://open-access.network/informieren/schwerpunktthemen/open-access-waehrend-der-covid-19-pandemie (Stand: 12.05.2023).

6 Open Covid Pledge, abrufbar unter: https://opencovidpledge.org/v1-0/ (Stand: 12.05.2023).

7 Open Access Network, Open Access während der Covid-19 Pandemie, abrufbar unter https://open-access.network/informieren/schwerpunktthemen/open-access-waehrend-der-covid-19-pandemie (Stand: 12.05.2023).

8 Bundesministerium für Bildung, Wissenschaft und Forschung, abrufbar unter: https://www.bmbwf.gv.at/Themen/Forschung/Forschung-in-%C3%96sterreich/Forschungseinrichtungen.html (Stand: 12.05.2023).

9 Open Access Network, Open-Access-Grundlagen, abrufbar unter https://open-access.network/informieren/open-access-grundlagen/gruende-und-vorbehalte (Stand: 12.05.2023).

10 Berliner Erklärung über offenen Zugang zu wissenschaftlichem Wissen, abrufbar unter: https://openaccess.mpg.de/68053/Berliner_Erklaerung_

zu Wissen ist die Grundlage des wissenschaftlichen Fortschritts und des Wohlergehens der Bevölkerung. Dies ist jedoch nur möglich, wenn wissenschaftliche Informationen und Forschungsergebnisse veröffentlicht und zugänglich gemacht werden.

Das trifft den Kern dieser Untersuchung: Open Access-Pflicht? Eine rechtliche Analyse einer Veröffentlichungspflicht von öffentlich finanzierten wissenschaftlichen Werken.

II. Forschungsfragen und Ziel

Die zentralen Forschungsfragen, die mit der vorliegenden Arbeit analysiert werden, lauten:

- Was ist Open Access?
- Was sind die rechtlichen Rahmenbedingungen von Open Access?
- Gibt es eine Veröffentlichungspflicht von öffentlich finanzierten wissenschaftlichen Werken?

Ziel der Arbeit ist es, die Forderung des unbeschränkten und kostenlosen Zugangs zu wissenschaftlicher Information und Forschung, auch in Form einer Veröffentlichungspflicht, aus urheberrechtlicher, grundrechtlicher und hochschulrechtlicher Sicht zu durchleuchten.

III. Aufbau der Arbeit und Methodik

Im Zuge dieser Arbeit werden die oben genannten Fragen mittels wissenschaftlicher Literatur untersucht. Dabei befasst sich der erste Teil (1. Kapitel) mit der Historie des Open Access, den Modellen und Strategien. Anschließend folgt im 2. Kapitel eine Erläuterung der rechtlichen Rahmenbedingungen des Open Access, va das Urheberrecht und grundrechtliche Themen werden näher betrachtet. Das 3. Kapitel befasst sich mit dem Schwerpunkt dieser Arbeit, einer Analyse von Veröffentlichungspflichten öffentlich finanzierter Werke. Abgeschlossen wird die Arbeit mit einem Resümee.

---

dt_Version_07-2006.pdf (Stand: 12.05.2023).

1. Kapitel: Was ist Open Access?

Wer an einer Hochschule tätig ist, hat mit hoher Wahrscheinlichkeit vom Begriff »Open Access« gehört. **Open Access ist der freie, unbeschränkte und kostenlose, Zugang zu wissenschaftlicher Information im Internet unter Verwendung von offenen/freien Lizenzen.**[11]

Ein freies, weltweites und unwiderrufliches Nutzungsrecht von wissenschaftlichen Publikationen (va Zeitschriften und Bücher) und Forschungsdaten, wird der Bevölkerung als Gemeingut zur Verfügung gestellt.[12] Primär- und Metadaten, Quellentexte und digitale Reproduktionen sollen ebenso umfasst sein.[13] Im Wesentlichen könnten so gut wie alle Formen digitaler Inhalte als Open Access angeboten werden, aber der Begriff Open Access wurde von Forscher:innen eingeführt, um Zugangsbeschränkungen zu wissenschaftlichen Informationen zu beseitigen.[14] Der Reiz von Open Access bzw. wissenschaftlichen Informationen als Gemeingut liegt vor allem darin, dass jede Entdeckung das Potential hat, eine neue Entdeckung zu fördern, womit Open Access die Wissenschaft eben fördern soll.[15]

---

11 *Suber*, Open Access, 2012, 8; Universität Wien, Open-Access-Basisinfos, abrufbar unter: https://openaccess.univie.ac.at/oa-basisinfos/ (Stand 21.12.2022); Open Access Network, Was bedeutet Open Access? Abrufbar unter https://open-access.network/informieren/open-access-grundlagen/was-bedeutet-open-access#c7716 (Stand: 12.05.2023).

12 *Deppe/Beucke*, Ursprünge und Entwicklung von Open Access in *Söllner/Mittermaier* (Hrsg.), Praxishandbuch Open Access, 12-20; Universität Wien, Open-Access-Basisinfos, abrufbar unter: https://openaccess.univie.ac.at/oa-basisinfos/ (Stand: 12.05.2023).

13 AG Open Science Strategie, Empfehlungen für eine nationale Open Science Strategie in Österreich des Open Science Network Austria OANA, abrufbar unter: https://oana.at/arbeitsgruppen/ag-open-science-strategie/empfehlungen-fuer-eine-nationale-open-science-strategie-in-oesterreich/ (Stand: 12.05.2023).

14 *Suber*, Open Access, 9.

15 *Rux*, Open Access in Academic Publishing on Law and Jurisprudence, in verfassungsblog.de, 6.

Open Access bedeutet nicht »Ich gebe einen Text zur beliebigen Verwendung frei«.[16] Mit Hilfe von vorformulierten Nutzungsverträgen bzw. offenen Lizenzen/Nutzungsrechten (zB Creative Common-Lizenzen, General Public License oder Digital-Peer-Publishing-Lizenz) räumen die Autoren:innen eines urheberrechtlich geschützten Werks allen Interessierten, je nach Ausgestaltung, bestimmte Nutzungsrechte ein.[17]

Open Access wurde in der Welt des wissenschaftlichen Publizierens oft als Randerscheinung betrachtet und wird in einigen Wissenschaften, wie z.B. den Rechtswissenschaften, trotz einiger Ausnahmen, immer noch mit Skepsis betrachtet. Open Access entwickelt sich jedoch zu einer etablierten Praxis, die einen großen Teil der wissenschaftlichen Publikationen abdeckt und damit die wissenschaftliche Kommunikation fördert. Der Weg von Open Access als wissenschaftliches Kommunikationssystem verlief bisher nicht geradlinig. Die Entwicklung von Open Access basiert auf wissenschaftlicher Selbstorganisation, technischen Entwicklungen, wissenschaftsorganisatorischen Initiativen, ökonomischen Zwängen und politischen Entscheidungen.[18] Angesichts der OA-Strategien der letzten Jahre ist auch nicht mit einem baldigen Ende der Entwicklung von Open Access zu rechnen.

---

16 Siehe *Herberger*, Vorwort in *Hamann/Hürlimann* (Hrsg.), Open Access in der Rechtswissenschaft, Sonderheft »Rechtswissenschaft« 2019, 1; *Deppe/Beucke* in *Söllner/Mittermaier*, 1.

17 *Ciresa*, Praxishandbuch Urheberrecht, 2. Auflage, 2019, 179; Creative Commons, abrufbar unter: https://creativecommons.org/about/cclicenses/ (Stand: 12.05.2023); Deutsches Bundesministerium für Bildung und Forschung, Lizenzvertrag und Offene Lizenzen, abrufbar unter: https://www.bildung-forschung.digital/digitalezukunft/de/wissen/urheberrecht/urheberrecht-in-der-wissenschaft/lizenzvertrag-und-offene-lizenzen/lizenzvertrag-und-offene-lizenzen_node.html Stand (Stand: 12.05.2023).

18 *Deppe/Beucke* in *Söllner/Mittermaier*, 1; siehe *Rux*, zu OA in der Rechtswissenschaft: Diskutabel ist der Beitrag rechtswissenschaftlicher Kommentare zur Erzeugung revolutionärer Erkenntnisse, die den wissenschaftlichen Fortschritt fördern sollen, da rechtswissenschaftliche Werke eher bei der Auslegung von Normen und damit bei der Lösung von Konflikten helfen.

I. Die Ursprünge des Open Access

Wissen als Grundlage zur Begründung von neuem Wissen war stets eine Maxime der Wissenschaft. »Nanos gigantum humeris insidentes – If I have seen further, it is by standing on the shoulders of Giants.« Es handelt sich um ein Zitat von Sir Isaac Newton in einem Brief an Robert Hooke von 1675, der damit ausdrückt, dass wissenschaftlicher Fortschritt nur auf der Grundlage vorhandenen Wissens möglich ist. Dieses Zitat als metawissenschaftliche Metapher für wissenschaftlichen Fortschritt lässt sich bis ins 12. Jahrhundert zurückverfolgen.[19] Ein Beispiel dafür ist Newton selbst, der 1687 sein Buch *Mathematische Prinzipien der Naturlehre* veröffentlichte, in dem er eine allgemeine Theorie der Bewegung aller Körper im Universum aufstellte. Gegen Ende des 19. Jahrhunderts wurden die Relativitätstheorie und die Quantenmechanik entdeckt, als Wissenschaftler wie Einstein, Heisenberg und andere Beobachtungen machten, die nicht mit den mathematischen Prinzipien der Naturlehre übereinstimmten.[20]

Die Ursprünge von Open Science (einschließlich Open Access) gehen auf die Zeit der »Scientific Revolution« im 17. Jahrhundert zurück und finden ihren Ausdruck in der Gründung der ersten wissenschaftlichen Zeitschrift *Philosophical Transactions of the Royal Society*. Die Wurzeln von Open Science liegen unter anderem in einem Patronagesystem, in dem die Elite Wissenschaftler förderte, die durch neue Entdeckungen ein hohes Ansehen in ihrer Peergroup genossen. Die Wissenschaftler mussten nachweisen können, dass sie die Erstentdecker waren, weshalb sie ihre Ergebnisse nicht mehr geheim halten konnten, sondern publizieren und damit der Öffentlichkeit, wenn auch prinzipiell einem elitären Kreis, zur Verfügung stellen mussten.[21]

19 *Appl*, Der Wissenschaftler und sein Werk, Eine immaterialgüter- und universitätsrechtliche Untersuchung des wissenschaftlichen Arbeitens von Universitätsangehörigen in FS Nowotny (2015) 706; *Chen*, Mapping Scientific Fronties: The Quest for Knowledge Visualization, 2003, Chapter 5 The Structure and Dynamics of Scientific Knowledge, 1.

20 *Harari*, Eine kurze Geschichte der Menschheit, 2011, 312.

21 *Gerdes*, Die Open-Science-Bewegung und ihre Bedeutung für die wissenschaftlichen Bibliotheken: Eine Analyse von Positionspapieren und Entwicklungsperspektiven, in *Zahn/Petras* (Hrsg.), Berliner Handreichungen zur Bibliotheks- und Informationswissenschaft, Heft 428, 14.

Der Soziologe Robert King Merton und andere haben sich im 20. Jahrhundert mit der Herkunft des obigen Zitats auseinandergesetzt.[22] Im Jahre 1942 prägte er den Begriff des Wissenskommunismus und beschäftigt sich mit den ethischen Werten sämtlicher Wissenschaftler:innen. Dabei fordert er den freien und unbeschränkten Zugang zu wissenschaftlicher Information, indem Forscher:innen auf ihre Rechte am geistigen Eigentum verzichten sollen. Das Gemeineigentum an wissenschaftlichen Erkenntnissen als Grundlage des wissenschaftlichen Fortschritts ist nach Merton anzustreben.[23]

Dieser Zugang zu wissenschaftlicher Information war und ist oft eingeschränkt. Der Zugang zu Bibliotheken als öffentlichem Wissensspeicher der Menschheit war lange Zeit nur vor Ort und für einen begrenzten Nutzerkreis möglich. Erst mit der Digitalisierung und der Einführung der Fernleihe wurde ein offener, ortsunabhängiger Zugang zu Wissen möglich.[24]

Die freie Verfügbarkeit von wissenschaftlichen Erkenntnissen und Informationen findet ua auch in der Hacker-Bewegung der 1960/70er Gehör. Mit der Aussage »Information wants to be free« liefert Stewart Brand 1984 auf der »Hacker-Conference« eine der wichtigsten Dogmen der »Open Source Bewegung«.[25] Die »Open-Source-Bewegung« ist ein wesentlicher Bestandteil der sog Open-Science-Bewegung.[26]

Die »Access-Revolution« und die Vorläufer der OA-Bewegung begannen jedoch, wie viele Revolutionen, mit dem verstärkten Einsatz digitaler Technologien.[27] Als Vorläufer gilt der von Paul Ginsparg am Los Alamos National Library errichtete arXiv-Server für Physik-Preprints.[28] Bis zur Bereitstellung von Preprint-Servern wurde der wissen-

22 *Merton*, On the shoulders of giants: A Shandean postscript, 1965, 8.

23 *Merton*, The Normative Structure of Science in A Note on Science and Technology in a Democratic Order, 1942, abrufbar unter: https://www.panarchy.org/merton/science.html#note13 (Stand: 12.05.2023); *Menke*, A Note on Science and Democracy in *Klausnitzer, Spoerhase, Werle* (Hrsg), Ethos und pathos der Geisteswissenschaften, 2015, 277.

24 *Gerdes*, Open-Science-Bewegung, 14–15.

25 *Brand*, Hacker Conference 1984.

26 *Böker*, Open Data, Open Access und Nachnutzung, abrufbar unter: https://forschungsdaten.info/themen/finden-und-nachnutzen/open-data-open-access-und-nachnutzung/ (Stand: 12.05.2023).

27 *Suber*, Open access, 2012, 1.

28 *Deppe/Beucke* in *Söllner/Mittermaier*, 1; Open Access Network, Geschichte

schaftliche Diskurs noch über Mailinglisten angeregt. Preprint-Server dienen der parallelen Veröffentlichung von Autorenversionen in sog digitalen Repositorien (Self Archiving oder »Open Access Grün«, dazu später mehr).[29]

Als Auslöser der Open-Access-Bewegung wird häufig die Zeitschriftenkrise der 1990er Jahre genannt. Zeitschriften in den STM-Fächern (Science, Technology, Medicine) wurden teurer. Gleichzeitig nahmen die Vielfalt und Anzahl wissenschaftlicher Zeitschriften zu. Die Budgets der Bibliotheken und wissenschaftlichen Einrichtungen waren darauf nicht vorbereitet und reduzierten idF ihr Literaturangebot und ihre Zeitschriftenbestellungen. Die Verlage wiederum reagierten auf die sinkenden oder stagnierenden Bibliotheksbestände mit weiteren Preiserhöhungen. Die Folge war ein eingeschränkter Zugang zu wissenschaftlichen Publikationen. Die Ungleichgewichte auf dem wissenschaftlichen Publikationsmarkt wurden deutlich. Wissenschaftliche Literatur wurde mit öffentlichen Geldern erworben, aber es fehlte an einem breiten öffentlichen Zugang. Dies war der Beginn der internationalen Open-Access-Bewegung. Der verstärkte Einsatz digitaler Technologien, wie der arxiv-Server, die Verbreitung des Internets und die Entwicklung der Gesellschaft zu einer Informations- und Wissenschaftsgesellschaft gaben der Forderung nach Open Access Auftrieb. Die zentrale Forderung der Open-Access-Bewegung war geboren: Wissenschaftliche Publikationen, die mit öffentlichen Mitteln gefördert wurden, sollen für jedermann zugänglich sein.[30]

Aus der Zeitschriftenkrise geht 1999 der erste Open-Access-Verlag, Biomed Central, hervor. Im selben Jahr entsteht auch die Open Archives Initiative (OAI), welche die Entwicklung und den Austausch von technischen Standards für Metadaten anstrebt.[31] Die OA-Bewegung hat sich um die Jahrtausendwende in verschiedenen Bereichen entwickelt. Ein

---

des Open Access, abrufbar unter: https://open-access.network/informieren/open-access-grundlagen/geschichte-des-open-access (Stand: 12.05.2023).

29 *Deppe/Beucke* in *Söllner/Mittermaier*, 1.

30 *Deppe/Beucke* in *Söllner/Mittermaier*, 2; *Schmidt*, Open Access, Hochschulrechtliche Veröffentlichung- und urheberrechtliche Anbietungspflichten des Hochschulprofessors, 2015, 20f.

31 Open Access Network, Geschichte des Open Access, abrufbar unter: https://open-access.network/informieren/open-access-grundlagen/geschichte-des-open-access (Stand: 12.05.2023)

gewisser Grad an Konsensbildung und Organisation der OA-Bewegung zeigt sich va auf drei Konferenzen:[32]

Budapest Open Access Initative (BOAI), 2002[33]
Auf der Konferenz »Free Online Scholarship« in Budapest wollten die teilnehmenden Wissenschaftler:innen die bis dahin vorhandenen, va fachspezifischen Open-Access-Initiativen zusammenführen. Ziel war es, den freien Zugang zu wissenschaftlichen Publikationen zu ermöglichen, um deren Reichweite und Verfügbarkeit zu erhöhen. Daraus entstand die Budapester Open-Access-Initiative, in der die gängigste Definition von Open Access zu finden ist:[34] »*Open access* meint, dass diese Literatur *kostenfrei* und öffentlich im Internet *zugänglich* sein sollte, so dass Interessierte die Volltexte lesen, herunterladen, kopieren, verteilen, drucken, in ihnen suchen, auf sie verweisen und sie auch sonst auf *jede denkbare legale Weise benutzen* können, ohne finanzielle, gesetzliche oder technische Barrieren jenseits von denen, die mit dem Internet-Zugang selbst verbunden sind. In allen Fragen des Wiederabdrucks und der Verteilung und in allen Fragen des Copyright überhaupt sollte die einzige Einschränkung darin bestehen, den jeweiligen Autorinnen und Autoren Kontrolle über ihre Arbeit zu belassen und deren Recht zu sichern, dass ihre Arbeit angemessen anerkannt und zitiert wird.«[35]

Bethesda Statement on Open Access Publishing (2003)[36]
Ähnlich wie die BOAI wurde im Bethesda Statement on Open Access Publishing 2003 ein freier Zugang zu wissenschaftlichen Artikeln und Forschungsergebnissen in der Biomedizin zum Ziel erklärt. Neben den freien Nutzungsrechten wird das Hinterlegen der Publikation in einem Online-Archiv gefordert.[37]

32 *Deppe/Beucke* in *Söllner/Mittermaier*, 2.
33 Erklärung der Budapest Open Access Initative, 2002, abrufbar unter https://www.budapestopenaccessinitiative.org/read/german-translation/ (Stand: 12.05.2023).
34 *Deppe/Beucke* in *Söllner/Mittermaier*, 2; Open Access Network, Was bedeutet Open Access?, abrufbar unter https://open-access.network/informieren/open-access-grundlagen/was-bedeutet-open-access#c7716 (Stand: 12.05.2023).
35 Budapest Open Access Initative.
36 Bethesda Statement on Open Access, abrufbar unter: http://legacy.earlham.edu/~peters/fos/bethesda.htm (Stand: 12.05.2023).
37 Bethesda Statement on Open Access; *Prabitz*, Open Access, Creative Com-

Berliner Declaration on Open Access to Knowledge in the Sciences and Humanities (2003)[38]

Um die Entwicklung neuer webbasierter Forschungsumgebungen zu fördern, wurde 2003 auf einer Konferenz der Max-Planck-Gesellschaft die Berliner Erklärung über offenen Zugang zu wissenschaftlichem Wissen verabschiedet.[39] Eine Open-Access-Veröffentlichung wird wie folgt definiert: »Der offene Zugang als erstrebenswertes Verfahren setzt idealerweise die aktive Mitwirkung eines jeden Urhebers wissenschaftlichen Wissens und eines jeden Verwalters von kulturellem Erbe voraus. Open Access-Veröffentlichungen umfassen originäre wissenschaftliche Forschungsergebnisse ebenso wie Ursprungsdaten, Metadaten, Quellenmaterial, digitale Darstellungen von Bild- und Graphik-Material und wissenschaftliches Material in multimedialer Form.« Vorausgesetzt wird, ähnlich wie in den anderen Erklärungen, dass die Urheber:innen und die Rechteinhaber:innen allen Nutzer:innen unwiderrufliche, freie und weltweite Zugangs- und Verfügungsrechte einräumen sollen, unter der Prämisse der richtigen Angabe der Urheberschaft. Des Weiteren soll eine vollständige Fassung der Veröffentlichung in mindestens einem Online-Archiv hinterlegt werden.[40]

Das Ergebnis dieser drei Konferenzen ist die **generelle Idee des Open Access: ein freier, unbeschränkter und kostenloser Zugang zu wissenschaftlicher Information im Internet.**[41] Wie weit Autoren:innen die Nutzungsrechte an ihren Werken einschränken sollten, um dem Open-Access-Gedanken gerecht zu werden, ist je nach Standpunkt als Maximal- oder Minimalforderung zu betrachten.[42]

Die Forderungen und Erklärungen der Open-Access-Bewegung blieben nicht unbemerkt. Auf dem Weltgipfel zur Informationsgesellschaft der Vereinten Nationen 2003 wurde in der Abschlusserklärung ein verbindliches Bekenntnis zu Open Access abgelegt.[43] Auf nationaler Ebene

---

mons, Urheberrecht, Chancen für die Wissenschaft, Auswirkungen auf Verlage und Autoren, 2014, 12.

38 Berliner Erklärung über offenen Zugang zu wissenschaftlichem Wissen.

39 *Deppe/Beucke* in *Söllner/Mittermaier*, 2.

40 Berliner Erklärung über offenen Zugang zu wissenschaftlichem Wissen.

41 *Suber*, Open Access, 8; *Prabitz*, Open Access, 13.

42 *Spindler*, Rechtliche Rahmenbedingungen von Open-Access-Publikationen, 2006, 7.

43 United Nations, Declaration of Principles, Building the Information Socie-

folgen zentrale Verzeichnisse für Open-Access-Zeitschriften wie das Directory of Open Access Journals – DOAJ, Datenbanken bzgl OA-Richtlinien von Zeitschriften und Verlagen wie Sherpa Romeo sowie Richtlinien von Forschungsförderern.[44] Im Jahr 2007 wurde Open Access auch auf EU-Ebene anerkannt, als die Europäische Kommission in einem Grundsatzpapier zu Open Access ihre generelle Unterstützung zum Ausdruck brachte. OA soll sowohl auf europäischer als auch auf nationaler Ebene gefördert werden.[45] Ein Jahr später führt die Europäische Kommission den »Open Access-Pilot« ein, um die Finanzierung von Open-Access-Publikationsgebühren zu unterstützen.[46] Es folgen weitere nationale und europäische Empfehlungen, Förderungen und Projekte zur Umsetzung von Open Access und zur Archivierung von Forschungspublikationen.[47]

Mit der Reform des Urheberrechts (2014 in Deutschland, 2015 in Österreich) findet die Forderung nach Open Access in Form eines Zweitveröffentlichungsrechts Eingang in die nationale Gesetzgebung (siehe 3. Kapitel). Die Europäische Union führt 2014 das Forschungsförderprogramm Horizon 2020 ein, das alle von ihr geförderten wissenschaftlichen Projekte (2014 bis 2020) bzw. die Forscher:innen verpflichtet, die aus den Fördermitteln entstandenen Publikationen als Open Access zur Verfügung zu stellen.[48] Horizont 2020 sieht somit bereits eine »Veröf-

---

ty: a global challenge in the new Millenium, 2003–2004, RN 28.

44 Open Access Network, Geschichte des Open Access, abrufbar unter: https://open-access.network/informieren/open-access-grundlagen/geschichte-des-open-access (Stand: 12.05.2023); siehe auch Sherpa Romeo, abrufbar unter: https://v2.sherpa.ac.uk/romeo/ (Stand: 12.05.2023).

45 Mitteilung der Kommission an das Europäische Parlament, den Rat und den Europäischen Wirschafts und Sozialausschuss über wissenschaftliche Informationen im Digitalzeitalter: Zugang, Verbreitung und Bewahrung, SEC (2007) 181, 2–3, 9–12.

46 European Research Area, Open Access Pilot in FP7, abrufbar unter: https://ec.europa.eu/research/participants/data/ref/fp7/90379/open-access-pilot_en.pdf (Stand: 12.05.2023); Open Access Network, Geschichte des Open Access, abrufbar unter: https://open-access.network/informieren/open-access-grundlagen/geschichte-des-open-access (Stand: 12.05.2023).

47 Open Access Network, Geschichte des Open Access, abrufbar unter: https://open-access.network/informieren/open-access-grundlagen/geschichte-des-open-access (Stand: 12.05.2023).

48 VO (EU) 1291/2013 des Europäischen Parlaments und des Rates vom

fentlichungspflicht« wissenschaftlicher Publikationen vor, wobei aber Einschränkungen (zB IPR, nationale Sicherheit) möglich sind.[49] Auf nationaler Ebene folgen weitere Open-Access-Strategien, wie zB OA als Standardmodell bei wissenschaftlichen Publikationen. Es entstehen Strategien, um 100% OA für alle wissenschaftlichen Publikationen aus öffentlich geförderter Forschung zu ermöglichen, wie zB der Amsterdam Call for Action on Open Science.[50] In der Zwischenzeit wurde das Landeshochschulgesetz in Deutschland, Baden-Württemberg (LHG BaWü), reformiert und eine Zweitveröffentlichungspflicht von Hochschulangehörigen eingeführt (dazu später mehr, 3. Kapitel).

Wie man sieht, ist die Geschichte von Open Access komplex, umfangreich und durch die vielen nationalen wissenschaftlichen Selbstorganisationen unübersichtlich. Sie zeigt aber auch, dass die Entwicklung von Open Access noch nicht abgeschlossen ist.[51]

II. Open-Access-Modelle

Um einen freien, unbeschränkten und kostenlosen Zugang zu wissenschaftlicher Information im Internet anbieten zu können, gibt es meh-

---

11. 12. 2013 über das Rahmenprogramm für Forschung und Innovation Horizont 2020 (2014–2020) und zur Aufhebung des Beschlusses Nr. 1982/2006/EG, ABl L 2013/347, 104; Open Access Network, Geschichte des Open Access, abrufbar unter: https://open-access.network/informieren/open-access-grundlagen/geschichte-des-open-access (Stand: 12.05.2023); *Petscharnig*, Rahmenprogramm für Forschung und Innovation »Horizont 2020« in *Lansky/Matznetter*, Handbuch EU-Förderungen (2016), 355.

49 VO (EU) 1291/2013 des Europäischen Parlaments und des Rates vom 11.12.2013 über das Rahmenprogramm für Forschung und Innovation Horizont 2020 (2014–2020) und zur Aufhebung des Beschlusses Nr. 1982/2006/EG, ABl L 2013/347, 98–99; Petscharnig in Lansky/Matznetter, 355; FFG, Die Horizont-2020-Beteiligungsregeln im Überblick, 3.8, abrufbar unter: https://www.ffg.at/sites/default/files/downloads/service/horizont2020_neufassung_191213.pdf (Stand: 12.05.2023); Universität Wien, OA-Förderungen der EU, abrufbar unter: https://openaccess.univie.ac.at/foerderungen/oa-foerderungen-der-eu/ (Stand: 12.05.2023).

50 Open Access.nl, In the Netherlands, abrufbar unter: https://www.openaccess.nl/en/in-the-netherlands (Stand: 12.05.2023).

51 *Suber*, Timeline of Open Access Movement, abrufbar unter: https://cyber.harvard.edu/~psuber/wiki/History_of_open_access#Timeline (Stand: 12.05.2023).

rere Wege und unterschiedliche Kategorisierungen von Open Access.

Eine Unterscheidung im Open Access sind die **Gratis- und Libre-OA-Publikationen.** Diese Unterscheidung dient zur Abklärung »wie offen« ein Werk ist, also welche Nutzungsrechte eingeräumt werden. Unter Gratis-OA versteht man das kostenlose Ansehen und Drucken von Publikationen. Gratis bietet zwar einen kostenlosen Zugang zu den Publikationen an, sieht aber auch Nutzungsbeschränkungen vor. Es ist somit keine vollwertige Version des Open Access nach der BOAI. Libre-OA hingegen meint, neben dem freien Zugang, auch das Einräumen umfassenderer Nutzungsrechte mittels offener/freier Lizenzen. Libre erlaubt somit die Nutzung der Publikationen und entspricht einer vollwertigen Version des Open Access nach der Definition des BOAI.[52]

Wie eine wissenschaftliche Publikation zur Verfügung gestellt wird, ist eine Frage des **OA-Weges.**

Dabei ist primär zwischen dem »goldenen Weg« und dem »grünen Weg« zu unterscheiden.[53]

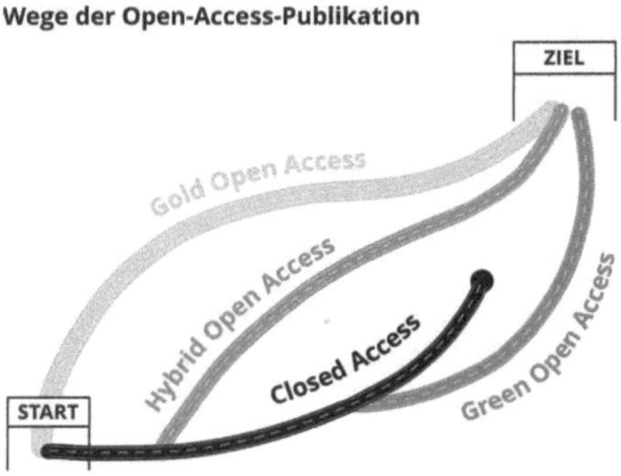

Abbildung 1: Wege des Open Access, Quelle: open-access.network (2021).

52 *Suber*, Open Access, 65–67; Open Access Network, Open Access und Nachnutzung, abrufbar unter: https://open-access.network/informieren/open-access-grundlagen/open-access-und-nachnutzung (Stand: 12.05.2023).

53 Diese Begriffe im Zusammenhang mit Open Access wurden erstmals von Steven Harnad eingeführt. Siehe *Harnad, Stevan, Brody, Tim, Vallieres, Francois, Carr, Les, Hitchcock, Steve, Gingras, Yves, Oppenheim, Stamerjohans* und *Hilf*, The green and the gold Roads to Open Access, 2004, abrufbar unter: https://eprints.soton.ac.uk/259940/ (Stand: 12.05.2023).

A. Open Access Gold

Der »goldene Weg« ist die Erstveröffentlichung von wissenschaftlicher Literatur in Open-Access-Zeitschriften (sog Journals) oder anderen OA-Medien (zB Monografien, Sammelwerke). Für Gold OA sind Qualitätssicherungsprozesse, in Form eines Peer-Review, vorgesehen. Die konkreten Nutzungsrechte sind meist Gegenstand eines Publikationsvertrages zwischen Autor:in und Verlag, wobei der Verlag den Autoren:innen OA-Publikationsmöglichkeiten, unter Verwendung von Standardlizenzen (idR Creative Commons), einräumt.[54] Die in Frage kommenden Open-Access-Medien sind häufig mit sehr kostspieligen Gebühren (zB Article Processing Charges, APCs) verbunden, die entweder von den Autoren:innen, von einzelnen Institutionen oder von Konsortien finanziert werden. Aufgrund der hohen Kosten können meist nur jene Autoren:innen diesen Weg beschreiten, die von ihrer Einrichtung zur Abdeckung der APCs finanziell unterstützt werden.[55]

Neben dem klassischen goldenen Modell gibt es auch das Hybrid-Modell. Die Publikation wird zu Beginn als »closed access« angeboten und kann gegen Bezahlung frei zugänglich gemacht werden.[56] Da hier aber häufig doppelt Gebühren verrechnet werden (APCs sowie Lizenzkosten), ist diese Variante strittig.[57] Die Gestaltung von Geschäftsmodellen

54 *Suber*, Open Access, 52–65; Universität Wien, Open Access Basis-Info, abrufbar unter: https://openaccess.univie.ac.at/oa-basisinfos/ (Stand: 12.05.2023); Open Access Network, Open Access Grün und Gold, abrufbar unter: https://open-access.network/informieren/open-access-grundlagen/open-access-gruen-und-gold (Stand: Stand: 12.05.2023).

55 *Suber*, Open Access, 52–65; *Emtseva/Golia/Sparks*, Open Access ... And Then? From Access to Participation, verfassungsblog.de, abrufbar unter: https://verfassungsblog.de/open-access-and-then/ , (Stand: 12.05.2023); Universität Wien, Open Access Basis-Info, abrufbar unter: https://openaccess.univie.ac.at/oa-basisinfos/ (Stand: 12.05.2023); Open Access Network, Open Access Grün und Gold, abrufbar unter: https://open-access.network/informieren/open-access-grundlagen/open-access-gruen-und-gold (Stand: 12.05.2023).

56 Open Access Network, Glossar abrufbar unter: https://open-access.network/informieren/glossar#c6196 (Stand: 12.05.2023).

57 *Mayer*, Open Access im Wandel: Infrastrukturen, Monitoring und Governance als zentrale Elemente einer erfolgreichen Transformation. Baseline Report für das Österreichische Bundesministerium für Bildung, Wissenschaft und Forschung, 13.

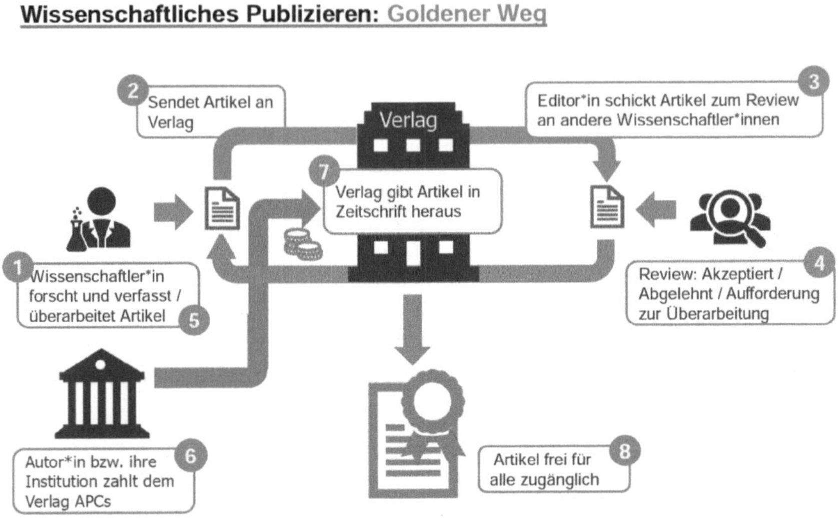

Abbildung 3: Goldener Weg, Quelle: verändert nach Oberländer, A. (2020). Open Access – Es ist nicht alles Gold, was glänzt. In: Open Science. Von Daten zu Publikationen. Zenodo. http://doi.org/10.5281/zenodo.4018594 (CC BY 4.0 International)

und die Frage, wie doppelte Kosten (Publikationsgebühren für Autor:innen, Subskriptionskosten für Institutionen) vermieden oder reduziert werden können, ohne die Bedürfnisse von Institutionen und Verlagen zu vernachlässigen, und wie dennoch eine vollständige Umstellung wissenschaftlicher Zeitschriften auf Open Access erreicht werden kann, ist ein häufiger Diskussionspunkt bei OA-Deals.[58]

B. Open Access Grün

Der »**grüne Weg« bezeichnet die Zweitveröffentlichung der wissenschaftlichen Publikation auf institutionellen oder disziplinären OA-Repositorien**, oder auf den Webseiten der Autoren:innen (Selbstarchivierung). Repositorien sind Dokumentenserver, die an Hochschulen oder Forschungseinrichtungen zur Archivierung und Langzeitver-

58 Vgl *Schönfelder/de Looper/Stavenga*, A new model for transformative agreements and its implementation by a small publisher: enhancing a smooth transition to open access, 2022, Presented at the UKSG 45th Annual Conference and Exhibiti, Telford, UK.

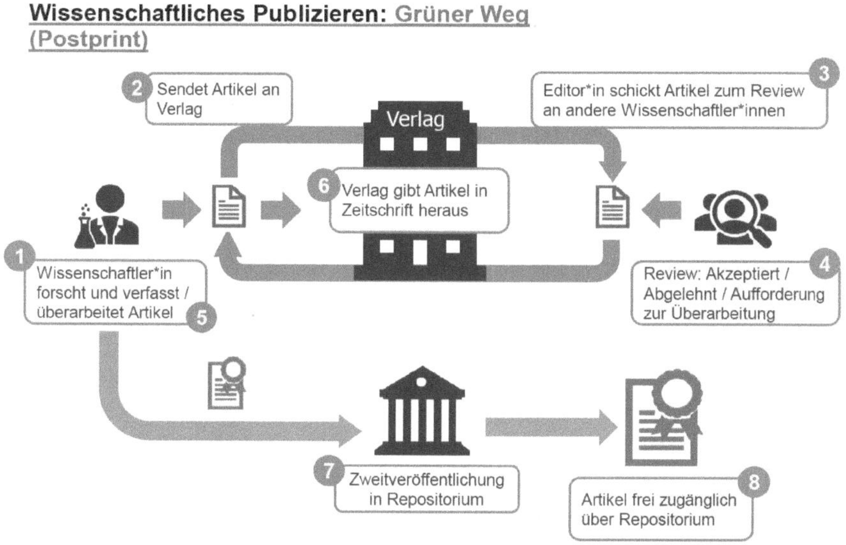

Abbildung 4: Grüner Weg, Quelle: (verändert nach Oberländer) Open-Access – Es ist nicht alles Gold was In: Open Science. Von Daten zu Publikationen. Zenodo. http://doi.org/10.5281/zenodo.4018594 (CC BY 4.0 International)

fügbarkeit von Materialien eingesetzt werden. Der grüne Weg erfolgt in der Regel nach der Veröffentlichung im Verlag. Dieses Modell eignet sich auch für Pre-Prints (nicht begutachteter Manuskriptentwurf, auch Author's Original genannt) und Post-Prints (Manuskript nach Peer-Review, Unterscheidung auch in Version of Record oder Author Accepted Manuscript) von wissenschaftlichen Artikeln, Monographien und Forschungsberichten. Die auf die Server hochgeladenen Inhalte können so archiviert und weltweit zugänglich gemacht werden. Zweitveröffentlichungen erfolgen idR nach einer Embargofrist und dürfen grds keine verlagsspezifischen Formatierungen enthalten, was natürlich die Zitierfähigkeit erschweren kann.[59] Der grüne Weg findet sich in Form

59 *Suber*, Open Access, 52–65; *Herb/Pampel*, Open Access in *Kuhlen/Lewandowski/Semar/Womser-Hacker* (Hrsg), Grundlagen der Informationswissenschaft, 2023, 716–717; Universität Wien, Open Access Basis-Info, abrufbar unter: https://openaccess.univie.ac.at/oa-basisinfos/ (Stand: 12.05.2023); Open Access Network, Open Access Grün und Gold, abrufbar unter: https://open-access.network/informieren/open-access-grundlagen/open-access-gruen-und-gold (Stand: 12.05.2023).

des Zweitveröffentlichungsrecht nach § 37a UrhG im österreichischen Urheberrecht (siehe 3. Kapitel).

C. Open Access Platin/Diamant

Eine weitere Ergänzung der Open-Access-Farbpalette ist das »Diamond«- oder »Platinum«-Modell, das eine Unterkategorie des goldenen Weges darstellt. Wissenschaftliche Publikationen werden von den Autoren:innen, häufig auf einer nicht-kommerziellen Basis, zur Verfügung gestellt. Somit können OA-Publikationen kostenfrei gelesen werden, ohne dass Gebühren wie APCs fällig werden. Finanziert wird dieses Modell häufig von Fachgesellschaften, Forschungseinrichtungen, Universitäten oder anderen Fördergebern. Da die Autoren:innen dieses Modell meist mit Unterstützung der Institutionen selbst betreiben und auch keine Bezahlschranken vorsehen, hält sich der Erfolg in Grenzen.[60]

III. Aktuelle Strategien

A. Open Access zu Beginn der COVID-19-Pandemie

Die COVID-19-Pandemie gab der Open-Access-Forderung im neuen Jahrzehnt wieder Auftrieb. Eine dauerhafte Offenheit wissenschaftlicher Publikationen ermöglicht eine globale und interdisziplinäre Zusammenarbeit zur Krisenbewältigung. Die schnelle Verfügbarkeit von Forschungsergebnissen anlässlich der Pandemie wurde bereits am 31. Jänner 2020 vom Wellcome Trust in einem Call for Action gefordert.[61] Am 30. März 2020 rief die UNESCO 122 Staaten dazu auf, die

60 *Kunz*, Opening Access, Closing the Knowledge Gap? Analysing GC No. 25 on the Right to Science and its Implications for the Global Science in the Digital Age, in ZaöRV 81(2021), 32; *Mayer*, Open Access im Wandel, 13; Universitätsbibliothek J. C. Senckenberg, Diamond Open Access, abrufbar unter: https://www.ub.uni-frankfurt.de/publizieren/diamond_oa.html (Stand: 12.05.2023); Open Access Network, Glossar abrufbar unter: https://open-access.network/informieren/glossar#c6196 (Stand: 12.05.2023).

61 Open Science Network, Open Access während der Covid-19-Pandemie, abrufbar unter: https://open-access.network/informieren/schwerpunktthemen/open-access-waehrend-der-covid-19-pandemie (Stand: 12.05.2023); Wellcome, Sharing research data and findings relevant to the novel coronavirus (COVID-19) outbreak, abrufbar unter: https://

offene Wissenschaft iSv Open Science weiter zu fördern und angesichts der COVID-19-Pandemie enger zusammenzuarbeiten. Während der internationale Handel und Verkehr zum Erliegen kamen, war es laut WHO wichtig, die Wissenschaft als Speerspitze im Kampf gegen die Pandemie zu unterstützen und den Informationsaustausch zu stärken.[62] Die gemeinsame Nutzung und allgemeine Verfügbarkeit der Forschungsergebnisse führte zu mehr als 1.000 wissenschaftlichen Publikationen. Bereits wenige Tage nach der Ausrufung der Pandemie durch die WHO gab es unzählige Publikationen der internationalen Forschungsgemeinschaft und es konnten in kürzester Zeit Fortschritte erzielt werden, wie z.B. die Sequenzierung der Virus-DNA.[63]

Die Europäische Kommission hat am 8. April 2020 Richtlinien für Horizont 2020-Projekte, Forscher:innen, welche im Zusammenhang mit der COVID-19-Pandemie forschen, veröffentlicht. Forschungsergebnisse, Daten sowie andere Publikationen, welche die COVID-19-Forschung unterstützen können, sollen umgehend gemäß den Open-Access-Anforderungen von Horizont 2020 (zB CC BY 4.0) zur Verfügung gestellt werden.[64] Im April 2020 ruft auch der Ausschuss für wirtschaftliche, soziale und kulturelle Rechte der Vereinten Nationen zur Open-Access-Förderung auf.[65] 2021 folgen weitere Empfehlungen der UNESCO zur Förderung von »Open Science«. Dabei wird auch eine internatio-

---

wellcome.org/press-release/sharing-research-data-and-findings-relevant-novel-coronavirus-ncov-outbreak (Stand: 12.05.2023).

62 UNESCO, Press release, UNESCO mobilizes 122 countries to promote open science and reinforced cooperation in the face of COVID-19, abrufbar unter: https://www.unesco.org/en/articles/unesco-mobilizes-122-countries-promote-open-science-and-reinforced-cooperation-face-covid-19 (Stand: 12.05.2023).

63 Siehe Fn 61, 62; Open Covid Pledge, abrufbar unter: https://opencovidpledge.org/ (Stand: 12.05.2023).

64 European Commission, Horizont 2020 projects working on the 2019 coronavirus disease (COVID-19), the severe respiratory syndrome coronavirus 2 (SARS-COV-2) and related topics: Guidelines for open access to publications, data and other research outputs, abrufbar unter: https://ec.europa.eu/research/participants/data/ref/h2020/other/hi/oa-pilot/h2020-guidelines-oa-covid-19_en.pdf (Stand: 12.05.2023).

65 Vereinte Nationen, Wirtschafts- und Sozialrat, Ausschuss über wirtschaftliche, soziale und kulturelle Rechte, Allgemeine Bemerkung Nr. 25 (2020), Rn 16.

nal vereinbarte Definition des Begriffs »Open Science« vorgeschlagen. In dieser Empfehlung wird ua das »Open scientific knowledge« als OA zu wissenschaftlichen Publikationen, Forschungsdaten, Metadaten etc. definiert. Es wird klargestellt, dass der Zugang zu wissenschaftlichen Erkenntnissen so frei wie möglich sein soll, wobei die Einschränkungen in die Rechte der Autoren:innen verhältnis- und rechtmäßig sein müssen.[66]

B. Strategien in der Europäischen Union

Mit »Open Research Europe« hat die Europäische Kommission im März 2021 eine Open-Access-Plattform für die Veröffentlichung wissenschaftlicher Arbeiten gestartet, die für jedermann zugänglich sein soll. Ziel ist es, Forschungsergebnisse zu veröffentlichen, die im Rahmen von Horizont 2020 oder Horizont Europa gefördert wurden. Damit soll der Forschungsgemeinschaft sowie sämtlichen Bürger:innen ein kostenloser Zugang zu wissenschaftlichen Publikationen ermöglicht werden. Die Europäische Kommission möchte sowohl Open Science als auch die Transparenz wissenschaftlicher Publikationen aktiv unterstützen und die akademische Kommunikation verbessern.[67] Die Bedeutung von Forschung und Innovation für die weltweite Krisenbewältigung wird auch vom Rat der Europäischen Union gesehen und unter anderem in Empfehlungen zum Ausdruck gebracht. Um den Europäischen Forschungsraum (EFR) ausreichend für die Zukunft zu wappnen, bedarf es einer Koordinierung der Europäischen Union und ihrer Mitgliedstaaten. In diesem Zusammenhang sieht der Rat der Europäischen Union ua Maßnahmen zur Vertiefung eines funktionierenden Binnenmarktes für Wissen vor, wie eben die Förderung der offenen Wissenschaft.[68]

66 UNESCO, Recommendation on Open Science, 2021, 9-11, abrufbar unter: https://en.unesco.org/science-sustainable-future/open-science/recommendation (Stand: 12.05.2023).

67 *Topal-Gökceli* in Union Aktuell in ZfRV 2021/7, C. Europarecht: Wissenschaft und Forschung, 53-54.

68 Empfehlung (EU) 2021/2122 des Rates vom 26. November zu einem Pakt für Forschung und Innovation in Europa, abrufbar unter: https://eur-lex.europa.eu/legal-content/DE/TXT/?uri=uriserv%3AOJ.L_.2021.431.01.0001.01.DEU&toc=OJ%3AL%3A2021%3A431%3ATOC (Stand: 12.05.2023); Schlussfolgerung des Europäischen Rates vom 10. Juni 2022 zur Forschungsbewertung und zur Umsetzung der offenen Wissenschaft, 9515/22, abrufbar unter:

C. Plan S

Science Europe (eine Dachorganisation europäischer Forschungsförder- und Forschungsträgerorganisationen)[69] und nationale Forschungsförderer, samt FWF und Europäische Kommission, schließen sich 2018 zur cOAlition S zusammen. Sie präsentieren ihre Strategie zur Förderung des freien Zugangs zu wissenschaftlichem Wissen, den sogenannten Plan S. Plan S sieht vor, dass ab dem 1. 1. 2021 Publikationen, die aus Förderungen resultieren, verpflichtend unter offenen Lizenzen zur Verfügung gestellt werden müssen. Betroffen sind alle wissenschaftlichen Publikationen von Forschungsergebnissen, die von einer Förderorganisation wie dem FWF in Österreich oder im Rahmen von Horizon Europe unterstützt wurden. Ziel ist die beschleunigte Umstellung wissenschaftlicher Publikationen auf Open Access. Wissenschaftliche Publikationen sollen unverzüglich (dh ohne Embargofrist) Open Access publiziert werden. Publikationen können sowohl über den goldenen als auch über den grünen Weg veröffentlicht werden.[70] Des Weiteren hat die cOAlition S eine Rights Retention Strategie (also eine Strategie zur Aufrechterhaltung der Rechte) für Autoren:innen entwickelt. Autoren:innen, die von einem Mitglied der cOAlition S unterstützt werden, sollen weiterhin die Freiheit genießen, ihre wissenschaftlichen Ergebnisse im Medium ihrer Wahl zu publizieren und dennoch Plan S konform zu bleiben. Entscheidend hierfür ist, dass wissenschaftliche Publikationen spätestens zum Zeitpunkt der Veröffentlichung mit CC-Lizenzen oder gleichwertigen Nutzungsverträgen versehen werden.[71]

---

https://www.consilium.europa.eu/media/56958/st10126-en22.pdf (Stand: 12.05.2023); Empfehlung (EU) 2022/2415 des Rat der Europäischen Union vom 2. Dezember 2022 zu Leitprinzipien für die Valorisierung von Wissen. https://data.consilium.europa.eu/doc/document/ST-13701-2021-INIT/de/pdf (Stand: 12.05.2023).

69 FWF, Über den FWF, Science Europe, abrufbar unter: https://www.fwf.ac.at/de/ueber-den-fwf/internationale-aktivitaeten/science-europe (Stand: 12.05.2023).

70 cOAlition S, Plan S, abrufbar unter: https://www.coalition-s.org/addendum-to-the-coalition-s-guidance-on-the-implementation-of-plan-s/principles-and-implementation/ (Stand: 12.05.2023); Universität Innsbruck, Plan S, abrufbar unter: https://www.uibk.ac.at/open-access/publizieren/plan-s/ (Stand: 12.05.2023).

71 cOAlition S, Plan S Rights Retention Strategy, abrufbar unter: https://www.

D. Horizont Europe (2021–2027)

Horizont Europe ist ein Rahmenprogramm der Europäischen Union für Forschung und Innovation. Es ist das Nachfolgeprogramm von Horizont 2020 mit einer Laufzeit von 2021 bis 2027.[72] Das Programm folgt dem Prinzip der offenen Wissenschaft als »Modus Operandi« für alle Forschenden. Ein Budget von knapp 100 Milliarden Euro soll den frühzeitigen Austausch von Wissen und Daten im Sinne einer offenen Wissenschaft ermöglichen. Horizont Europa sieht auch eine Verpflichtung zu Open Access für wissenschaftliche Publikationen vor. Wissenschaftliche Publikationen müssen Open Access angeboten werden, wenn sie über Horizon Europe gefördert wurden. CC-Lizenzen oder Nutzungsverträge mit gleichwertigen Rechten sollen spätestens zum Zeitpunkt der Veröffentlichung zur Verfügung gestellt werden.[73]

E. Strategien in Österreich

Das Bundesministerium für Bildung, Wissenschaft und Forschung (BMBWF) misst der Förderung von Open Science und Open Access eine wichtige Rolle bei. Dies zeigt sich unter anderem darin, dass die österreichische Bundesregierung die Empfehlungen des Open Access Network Austria zu hundert Prozent OA bis 2025 als Ministerratsvor-

---

coalition-s.org/rights-retention-strategy/ (Stand: 12.05.2023).

72 Bundesministerium Bildung, Wissenschaft und Forschung, Horizont Europe, abrufbar unter: https://www.bmbwf.gv.at/Themen/Forschung/Forschung-in-der-EU/EU-Rahmenprogramme/Horizont-Europe.html (Stand: 12.05.2023)

73 European Commission, Directorate-General for Research and Innovation, Horizont Europe, the EU research and innovation programme (2021–27) for a green, healthy, digital and inclusive Europe, Publications Office of the European Union, 2021, abrufbar unter: https://op.europa.eu/en/web/eu-law-and-publications/publication-detail/-/publication/93de16a0-821d-11eb-9ac9-01aa75ed71a1 (Stand: 12.05.2023); European Commission, Horizont 2021–2027, General Model Grant, S. 110, abrufbar unter: https://ec.europa.eu/info/funding-tenders/opportunities/docs/2021-2027/common/agr-contr/general-mga_horizont-euratom_en.pdf (Stand: 12.05.2023); Universität Wien, OA-Förderungen der EU, abrufbar unter: https://openaccess.univie.ac.at/foerderungen/oa-foerderungen-der-eu/ (Stand: 12.05.2023).

trag angenommen hat. Mit den vom BMBWF geförderten Hochschulraum-Strukturmittel-Projekten (HRSM) AT2OA und AT2OA2 wird die Transformation von Closed zu Open Access bei wissenschaftlichen Publikationen vorangetrieben. Neben Großbritannien und den Niederlanden gilt Österreich international als Vorreiter im Bereich Open Access.[74]

F. Koalitionsvertrag Deutschland

Am 07.12.2021 stellen die SPD, FDP und die Grünen in Deutschland ihren Koalitionsvertrag für die Regierungszeit von 2021 bis 2025. Open Access findet auch hier mehrmals Erwähnung. Insb im Bereich der Forschungsdaten und zur Förderung der wissenschaftlichen Kommunikation soll Open Access als Standard etabliert und das Urheberrecht wissenschaftsfreundlicher gestaltet werden.[75]

G. Memorandum des US-amerikanischen Präsidenten

Auch die USA haben die COVID-19-Pandemie zum Anlass genommen, den freien Zugang zu wissenschaftlichen Publikationen zu fördern. Am 25. August 2022 hat US-Präsident Joe Biden ein Memorandum verabschiedet, das allen Bürgern den Zugang zu Forschungsergebnissen amerikanischer Forschungseinrichtungen ermöglichen soll. Adressaten dieses Memorandums sind die Bundesbehörden mit Forschungsaufgaben, die ihre Open-Access-Politik aktualisieren sollen.[76] Vorgesehen und von den Bundesbehörden umzusetzen ist:

---

74 *Seitz*, Die Erwartungen des Bundesministeriums für Bildung, Wissenschaft und Forschung an das wissenschaftliche Bibliothekswesen in *Kasparovsky* (Hrsg.), Jahrbuch Hochschulrecht 2020, 131–142; AT2OA, Austrian Transition to Open Access, abrufbar unter: https://at2oa.at/home.html (Stand: 12.05.2023).

75 Koalitionsvertrag zwischen SPD, Bündnis90/Die Grünen und FDP, S. 18, 23, 26 abrufbar unter: https://www.bundesregierung.de/resource/blob/974430/1990812/04221173eef9a6720059cc353d759a2b/2021-12-10-koav2021-data.pdf?download=1 (Stand: 12.05.2023).

76 Executive Office of the President, Office of Science and Technology Policy, abrufbar unter: https://www.whitehouse.gov/wp-content/uploads/2022/08/08-2022-OSTP-Public-Access-Memo.pdf (Stand: 12.05.2023); *Marcum/Donohue*, White House, Breakthrougsh für All: Delivering Equitable Access to America's Research, abrufbar unter: https://www.

- eine Aktualisierung der Policy für den Zugang der Öffentlichkeit bis spätestens 31. 12. 2025. Dabei sind wissenschaftliche Publikationen und Forschungsdaten, welche mit öffentlichen Geldern finanziert wurden, ohne Pflicht zur Einhaltung einer Embargofrist, frei und öffentlich zur Verfügung zu stellen.
- die Einführung transparenter Verfahren zur Wahrung der wissenschaftlichen und forschungsbezogenen Integrität.
- die Koordinierung mit dem Büro für Wissenschafts- und Technologiepolitik zur Bereitstellung der wissenschaftlichen Forschungsergebnisse und -daten.

Die unzähligen und anhaltenden Krisen der letzten Jahre haben die Forderung nach Open Access verstärkt. Das wird durch die vielen Open-Access-Strategien und Empfehlungen in Europa, in den USA sowie durch die Empfehlungen internationaler Organisationen veranschaulicht. Deutliche Forderungen nach der sofortigen Umsetzung von Open Access sind mittlerweile keine Seltenheit.

---

whitehouse.gov/ostp/news-updates/2022/08/25/breakthroughs-foralldelivering-equitable-access-to-americas-research/ (Stand: 12.05.2023); Forschungsdaten.info, US-Regierung verkündet aktualisierte Open Science Policy, abrufbar unter: https://forschungsdaten.info/nachrichten/nachricht-anzeige/us-regierung-verkuendet-aktualisierte-open-science-policy/ (Stand: 12.05.2023).

2. Kapitel: Rechtliche Rahmenbedingungen von Open Access

Die Idee des Open Access als freier, unbeschränkter und kostenloser Zugang zu wissenschaftlicher Information im Internet sowie die Open-Bewegung als Ganzes gelten unter Rechtswissenschaftler:innen als exotische Materie, obwohl die Bewegung über 30 Jahre alt ist.[77] Open Access stößt auf rechtliche Spannungsfelder wie das Urheberrecht und auf die verfassungsrechtlich garantierten Grundrechte. Die Vereinbarkeit mit dem Urheberrecht und inwiefern die OA-Forderung einen Eingriff in die Grundrechte der Autoren:innen darstellen kann, wird in diesem Kapitel analysiert.

I. Urheberrecht

Dort, wo der Geist weht, entsteht das Urheberrecht und gilt damit als Rechtsmaterie der Kreativen und Intellektuellen.[78] Es soll va die Leistungen der Kreativschaffenden und der Kreativwirtschaft schützen.[79] Der OGH beschreibt das Urheberrecht von grundlegender Bedeutung und als Rechtsmaterie »für die Entfaltung der schöpferischen Persönlichkeit und für das kulturelle Leben der Gesellschaft. Es sichert die Existenz der geistig Schaffenden und reguliert die Vermittlung von Kulturgütern. Sein Schutz als Grund- und Menschenrecht basiert auf dem Schutz des Eigentums und der Persönlichkeit«.[80]

Im Urheberrecht ist zwischen dem objektiven und subjektiven Sinn zu unterscheiden. Das Urheberrecht im objektiven Sinn meint die Rechtsmaterie selbst, während das Urheberrecht im subjektiven Sinn die subjektiven Rechte der Urheber:innen an der Werkschöpfung erfasst. Die Urheber:innen können andere zum Gebrauch des Werkes berechtigen oder auch ausschließen. Da es Ähnlichkeiten mit dem Ei-

77 *Kreutzer/Lahmann*, Rechtsfragen bei Open Science, Ein Leitfaden (2018), 20.
78 *Dillenz*, Rechtsfragen des Urheberrechts im Hochschulbereich, in *Strasser* (Hrsg), Organisations-, europa- und immaterialgüterrechtliche Probleme der Universitäten, 1992, 97; *Kreutzer/Lahmann*, Rechtsfragen bei Open Science, 23.
79 *Kreutzer/Lahmann*, Rechtsfragen bei Open Science, 23.
80 OGH 4 Ob 127/01g MR 2001, 304; *Ciresa*, Praxishandbuch Urheberrecht, 2–3.

gentum an körperlichen Gegenständen aufweist, und wie das Sacheigentum geschützt wird, spricht man häufig vom geistigen Eigentum, wie es auch in Art 17 Abs 2 der Europäischen GRC beschrieben wird.[81]

A. Wissenschaftliche Werke?

Das Urheberrecht schützt die Werke der Urheber:innen und die damit verbundenen Rechte. Der zentrale Begriff des Urheberrechts ist das Werk.[82] Was unter einem Werk zu verstehen ist, ist Gegenstand des Urheberrechts im objektiven Sinn. Nach **§ 1 UrhG ist ein Werk** eine **eigentümliche geistige Schöpfung** auf den Gebieten der Literatur, der Tonkunst, der bildenden Künste und der Filmkunst.

Eine »Schöpfung« beruht idR auf einer Idee, wobei die bloße Idee nach hM nicht urheberrechtlich geschützt ist. Als abstrakte Gedanken sind Ideen und Vorstellungen nach der Rsp nicht urheberrechtlich schutzfähig. Wären bereits allgemeine Ideen schutzfähig, würde dies die schöpferische und auch wirtschaftliche Tätigkeit aller anderen stark einschränken. Die Idee wird erst dann geschützt, wenn sie in eine konkrete Form gebracht wird und dadurch eine »Schöpfung« entsteht.[83]

Der Begriff der eigentümlichen geistigen Schöpfung ist häufig Gegenstand von Gerichtsentscheidungen. Eine eigentümliche geistige Schöpfung ist das Ergebnis eines Denkprozesses, der eine gewisse Individualität aufweist und sich dadurch vom Alltäglichen abhebt.[84] Laut EuGH ist das Vorliegen der Originalität (Individualität) einer geistigen Schöpfung entscheidend. Das Werk muss die individuelle Eigenart des Schöpfers:in erkennen lassen, die es von anderen Werken sowie vom Alltäglichen, Gewöhnlichen und Üblichen unterscheidet und zu einem originellen Ergebnis führt.[85]

81 *Ciresa*, Praxishandbuch Urheberrecht, 2–3; *Hoeren*, Medienumbrüche und das Urheberrecht, Eine Einführende Betrachtung in *Schnell* (Hrsg) MedienRevolution. Beiträge zur Mediengeschichte der Wahrnehmung, 2006, 168–169.

82 *Dillenz* in *Strasser*, 100.

83 *Dillenz* in *Strasser*, 101; *Kucsko* in *Kucsko/Handig*, Urheber.recht^2, § 1 UrhG, Rn 11–14 (Stand 1.4.2017, rdb.at).

84 *Amini/Forgo*, Urheberrechtsfragen beim Einsatz von Multimedia an Hochschulen, Ein Leitfaden für die Praxis am Beispiel der Universität Wien, 7; *Kucsko* in *Kucsko/Handig*, § 1 UrhG, Rn 24.

85 EuGH 1.12.2011, C-145/10, *Painer/Standard*, MR 2012, 73 (Walter); RIS-Justiz RS0076397; *Ciresa*, Praxishandbuch Urheberrecht, 48; *Kucsko* in *Kucsko/*

Urheberrechtlicher Schutz erfordert ein Mindestmaß an gestalterischer Eigenart, die das Produkt von anderen ähnlichen Produkten unterscheidet. Dieses Mindestmaß an Gestaltungshöhe wird als Originalität, Individualität, Eigenart oder Eigentümlichkeit bezeichnet.[86] Die Eigentümlichkeit der geistigen Schöpfung ist dann gegeben, wenn eine individuelle Eigenart in der betreffenden Leistung vorhanden ist, wobei die Persönlichkeit der Urheber:innen in der Schöpfung zum Ausdruck kommt.[87] Das ist der Fall, wenn die Urheber:innen bei der Herstellung des Werks Raum für künstlerische Freiheit haben und zB freie kreative Entscheidungen treffen.[88] Für die Bejahung des Urheberrechtsschutzes ist stets ein Vergleich des »neuen« Werkes mit dem sogenannten »vorbekannten Formenschatz« erforderlich, wobei der Unterschied hinreichend individuell sein muss.[89] Die Individualität der Schöpfer:innen muss sich im Werk widerspiegeln, ohne dass es auf eine besondere »Werkhöhe« ankommt (Stempeltheorie). Allerdings muss die geistige Schöpfung eine gewisse inhaltliche und formale Qualität aufweisen, die das Werk vom **Freihaltebedürfnis der Allgemeinheit** abhebt.[90] Die »Werkhöhe« dient als Kriterium zur Abgrenzung urheberrechtlich schutzwürdiger Werke gegenüber Alltäglichem und völlig Banalem, wobei die Mindestgrenze des Schutzwürdigen als »Kleine Münze« bekannt ist.[91]

Ein **Freihaltebedürfnis** ist im Bereich der Wissenschaft von Bedeutung, da für **wissenschaftliche Lehren** ein allgemeines Freihaltebedürfnis angenommen wird. Das ungeformte geistige Konzentrat einer geistigen Schöpfung ist urheberrechtsfrei, so dass der wissenschaftliche Inhalt allein selten geschützt ist. Eine wissenschaftliche These beruht häufig auf einer bloßen Idee, einem Verfahren, Arbeitsmethoden oder mathematischen Konzepten, die urheberrechtlich nicht schutzfähig

---

Handig, § 1 UrhG, Rn 7–8, 34.

86 RIS-Justiz RS0076397; OGH 4 Ob 162/08i MR 2008, 362; *Ciresa*, Praxishandbuch Urheberrecht, 47.

87 EuGH 1.12.2011, C-145/10, *Painer/Standard*, MR 2012, 73; *Ciresa*, Praxishandbuch Urheberrecht, 48, 52; *Kucsko* in *Kucsko/Handig*, § 1 UrhG, Rn 31–34.

88 EuGH 1.12.2011, C-145/10, *Painer/Standard*, MR 2012, 73 (Walter); EuGH 04.10.2011, C-403/08 und C-429/08, Football Association Premiear League, RN 98; *Kucsko* in *Kucsko/Handig*, § 1 UrhG, Rn 34.

89 *Ciresa*, Praxishandbuch Urheberrecht, 48.

90 *Appl* in FS Nowotny, 708; *Kucsko* in *Kucsko/Handig*, § 1 UrhG, Rn 39–46.

91 *Appl* in FS Nowotny, 708.

sind. Der abstrakte Informationsgehalt eines wissenschaftlichen Werkes ist nicht urheberrechtlich geschützt. Je abstrakter eine wissenschaftliche These ist, desto geringer ist die Individualität. Der schöpferischen Gestaltung abstrakter wissenschaftlicher Informationen, unabhängig davon, wie neu und innovativ sie sind, ist bei der Beurteilung der Originalität eines Werkes nicht allzu viel Bedeutung beizumessen. Es ist jedoch zu beachten, dass eine absolute Erkenntnis der Wahrheit und damit eine allgemeingültige Darstellung nicht möglich ist und daher Erkenntnis immer subjektiv geprägt ist, weshalb auch im wissenschaftlichen Bereich Raum für eine individuelle Verkörperung des Erkannten und damit für urheberrechtlichen Schutz besteht. Die Eigentümlichkeit wissenschaftlicher Schöpfungen kann sich jedoch nur aus einer inneren und äußeren Formgestaltung ergeben. Die erforderliche Individualität wissenschaftlicher Inhalte kann durch Anordnung, Auswahl, Zusammenstellung, Gliederungslogik und Gedankenführung zum Ausdruck gebracht werden. Urheberrechtlich geschützt ist nur die konkrete Darstellung der wissenschaftlichen Schöpfung. Dies gilt bereits für wissenschaftliche Hausarbeiten.[92]

Die wissenschaftliche Schöpfung erfordert jedoch eine »deutliche« Abhebung der äußeren Form oder des Inhalts von vergleichbaren Werken. Dies ist zu verneinen bei der bloßen Wiedergabe einer notwendigen oder üblichen Darstellung, zB durch die Verwendung von in wissenschaftlichen Disziplinen üblichen Begriffen oder Ausdrucksweisen. An wissenschaftliche Werke werden daher strengere Anforderungen gestellt. Neben der »Abhebung« von anderen Werken darf bei der Beurteilung der Individualität auch die Gemeinfreiheit der dargestellten Information nicht außer Acht gelassen werden. Inhaltlich sind wissenschaftliche Informationen daher in der Regel nicht geschützt, was auch durch die Wissenschaftsfreiheit nach Art 17 StGG gerechtfertigt ist (vgl. Kapitel II.B). Geschützt ist die Form, nicht der Inhalt.[93] Auch das Patentrecht schützt nicht die technische Information, sondern die betriebsmäßige Benutzung der Erfindung. Das technische Wissen als solches ist prinzipiell frei.[94] Die von Newton aufgestellte Theorie über die Be-

---

92 OLG Wien 26 BS 374/87, MR 1987, 177; *Dillenz* in *Strasser*, 101; *Kucsko* in *Kucsko/Handig*, Urheber.recht², § 1 UrhG, RN 46 (Stand 1.4.2017, rdb.at); *Appl* in FS Nowotny, 707–710

93 *Appl* in FS Nowotny, 710–711; *Dillenz* in *Strasser*, 100.

94 *Appl* in FS Nowotny, 707.

wegung aller Körper des Universums ist daher urheberrechtlich nicht geschützt. Dagegen wäre das Buch »Mathematische Prinzipien der Naturlehre« urheberrechtlich schutzfähig (wobei natürlich die urheberrechtliche Schranke der Schutzfrist zu beachten ist) und auch mit Art 17 StGG vereinbar.[95]

Die Forderung nach Open Access zielt auf die Veröffentlichung klassischer wissenschaftlicher Publikationen. Gemeint sind wissenschaftliche Arbeiten, die in Monographien, Fachzeitschriften, Tagungsbänden und Sammelbänden veröffentlicht werden. Die Erfüllung des Werkbegriffs ist bei wissenschaftlichen Arbeiten, die bei Verlagen eingereicht werden und Gegenstand von Verlagsverträgen sind, in der Regel unstrittig und wird selten verneint.[96]

Bei den **klassischen wissenschaftlichen Publikationen** handelt es sich um die **Werkgattung oder Werkkategorie der Literatur nach § 2 UrhG**, nämlich um Sprachwerke nach Z 1 oder um bildliche Werke wissenschaftlicher oder belehrender Art nach § 2 Z 3 UrhG. Sämtliche Werke, deren Ausdrucksmittel die Sprache ist, können unter die Werkkategorie des Sprachwerks fallen. Dazu gehören schriftlich niedergelegte Sprachwerke wie Romane, Gedichte, Liedtexte, Abhandlungen wissenschaftlicher Inhalte, darüber hinaus mündlich vorgetragene Sprachwerke wie Reden, Vorträge und Vorlesungen. Individualität ist die entscheidende Schutzvoraussetzung, entweder in der sprachlichen Gestaltung oder in der gedanklichen Bearbeitung.[97] Damit ein Sprachwerk »wissenschaftlich« nach § 2 Z 1 UrhG geschützt ist, hat es sich, wie oben bereits erläutert, von vergleichbaren Werken abzuheben. Möglich ist dies durch die äußere Form und/oder inhaltliche Gestaltung des Werkes.[98] Die Erarbeitung des Stoffs, das Aufsuchen und Studium der Quellen, das geistige Durchdringen der Inhalte, die Auswahl der Quellen und der Fakten, die Einteilung und Anordnung des Materials sowie die Gedan-

---

95 Vgl Schutz wissenschaftlicher Werke kein sittenwidriger Eingriff in Art 17 StGG, OGH 4 Ob 274/02a – Felsritzbild, ecolex 2003, 42 (*Schuhmacher*) = MR 2003, 162 (Walter), *Appl* in FS Nowotny, 711.

96 *Appl* in FS Nowotny, 706; *Korn* in *Kucsko/Handig*, Urheber.recht², § 2 UrhG, Rn 8 (Stand 1.4.2017, rdb.at).

97 OGH 4 Ob 13/92 MR 1992, 238 (Walter); OGH 4 Ob 62/89 MR 1989, 97 (*Walter*); *Ciresa*, Praxishandbuch Urheberrecht, 57-58.

98 OGH 12.08.1996 4 Ob 2202/96v ÖBl 1997,34; *Ciresa*, Praxishandbuch Urheberrecht, 57–58.

kenführung und Formung des Stoffs ist maßgebend, um urheberrechtlichen Schutz genießen zu können.[99]

§ 2 Z 3 UrhG regelt Werke wissenschaftlicher oder belehrender Art, die in bildlichen Darstellungen in der Fläche (zweidimensional) oder im Raum (dreidimensional) bestehen, sofern sie nicht zu den Werken der bildenden Künste (§ 3 UrhG) zählen. Diese Werke dienen zur Visualisierung literarischer Werke, um einen wissenschaftlichen oder belehrenden Zweck zu erfüllen. Erfasst sind va Diagramme, naturwissenschaftliche oder technische Zeichnungen, Stadtpläne, Himmelskarten, Globen, Reliefdarstellungen von Gebirgen etc, sofern die bildliche Darstellung eine gewisse Originalität bzw. Eigentümlichkeit aufweist und das Ergebnis schöpferischer geistiger Leistung ist. Die Unterscheidung, ob eine bildliche Darstellung nicht ein Werk der bildenden Künste nach § 3 UrhG ist, ist va für den Umfang der freien Werknutzung ausschlaggebend (§§ 42ff UrhG oder § 54 UrhG).[100] Ob das Sprachwerk elektronisch angeboten wird (also der Inhalt digital gespeichert und auf einem Endgerät wiedergegeben wird), steht der Einordnung in die Werkkategorie der Literatur nach § 2 UrhG nicht entgegen. Das liegt daran, dass es sich beim elektronischen Anbieten um eine Frage der Verwertung, insb Verbreitung handelt wie zB über elektronische Lesegeräte oder über das Internet. Entscheidend ist der Charakter des Werkes und nicht der Datenträger, weshalb auch wissenschaftliche Werke in Form von eBooks (elektronische Bücher) oder eJournals (elektronische Zeitschriften) als Sprachwerk nach § 2 Z 1 UrhG urheberrechtlich nach § 1 Abs 2 UrhG geschützt sind.[101]

Neben den klassischen wissenschaftlichen Publikationen umfasst die Forderung der OA-Bewegung des freien, unbeschränkten und kostenlosen Zugangs zu wissenschaftlichen Informationen auch Forschungsdaten, bei denen die Erfüllung des Werkbegriffs durchaus einer Einzelfallprüfung bedarf.[102] Wie oben bereits erwähnt, genießen wissenschaftliche Erkenntnisse ein Freihaltebedürfnis. Ein wesentlicher Grundsatz des Urheberrechts ist die Freiheit von Fakten und Informa-

---

99 *Appl* in FS Nowotny, 710, *Korn* in *Kucsko/Handig*, § 2 UrhG, Rn 15.

100 *Appl* in FS Nowotny, 711; *Ciresa*, Praxishandbuch Urheberrecht, 60.

101 *Schachter*, eBooks und Urheberrecht in *Kammerlander* (Hrsg), Expertenforum SpringerRecht.at, 2010, 193; *Streit/Jung*, E-Books im österreichischen Recht in MR-Int 2012, 6.

102 *Mayer*, Open Access im Wandel, 12.

tionen, um auch ein Monopol der Rechteinhaber zu vermeiden.[103] Daten im Einzelnen, ob Forschungs- oder Wetterdaten, personenbezogene oder bibliografische Daten, sind frei von jeglichen Rechten und sind keine Werke iSd Urheberrechts. Dies gilt universell für jede Art von Daten und bietet auch Forscher:innen wie dem Mathematiker Erich Neuwirth die Grundlage zur regelmäßigen Erstellung von Statistiken hinsichtlich der Covid-19-Daten in Österreich.[104]

Ob Forschungsdaten urheberrechtlich geschützt sind oder nicht, ist eine Frage der »Verpackung«, also der Erscheinungsform.[105] Das Urheberrecht ermöglicht bspw einen Schutz von Datenbanken. Zwar werden dadurch nicht die Daten selbst geschützt, aber die Zusammenstellung und Zusammenführung in Datenbanken.[106] Nach § 40f UrhG sind das »Sammlungen von Werken, Daten oder anderen unabhängigen Elementen, die systematisch oder methodisch angeordnet und einzeln mit elektronischen Mitteln oder auf andere Weise zugänglich sind«. Auch »angereicherte« Datensätze und Informationen können urheberrechtlich geschützt sein, wenn die Datensätze Inhalte wie Bilder, Diagramme oder Texte wiedergeben. Forschungsdaten können demnach genauso als Bestandteil eines Sprachwerks der Literatur nach § 2 UrhG urheberrechtlich geschützt sein.[107]

Um den Rahmen dieser Arbeit nicht allzu sehr auszudehnen, beschränkt sie sich auf die klassischen wissenschaftlichen Publikationsformen in Form von Werken der Literatur nach § 2 UrhG.

B. Welche Rechte haben die Autoren:innen?

Autoren:innen wissenschaftlicher Werke gelten als Urheber:innen, sofern sie diese auch geschaffen haben. Mit dem Realakt der Schöpfung des Werkes entsteht das Urheberrecht in der natürlichen Person, die

---

103 *Kreutzer/Lahmann*, Rechtsfragen bei Open Science, 42–43.

104 *Kreutzer/Lahmann*, Rechtsfragen bei Open Science, 42–43; *Neuwirth*, COVID-19-Analysen, abrufbar unter: https://just-the-covid-facts.neuwirth.priv.at/ (Stand: 12.05.2023).

105 *Kuschel*, Urheberrecht und Forschungsdaten, in Ordnung der Wissenschaft, 1. Auflage, 2020, 44.

106 *Kreutzer/Lahmann*, Rechtsfragen bei Open Science, 42–43.

107 *Kreutzer/Lahmann*, Rechtsfragen bei Open Science, 42–44.

das Werk geschaffen hat.[108] Als Urheber:innen eines wissenschaftlichen Werkes stehen ihnen die ausschließlichen Verwertungsrechten nach § 14 bis § 18a UrhG sowie die Urheberpersönlichkeitsrechte zu.[109]

1. Urheberschaft

Da an wissenschaftlichen Werken häufig mehrere Autoren:innen beteiligt sind, ist zu Beginn die Unterscheidung zwischen Mit- und Teilurheber zu beachten. Je nach Unterscheidung können die Autoren:innen mit oder ohne Zustimmung der Co-Autoren:innen unterschiedliche Rechte wahrnehmen.[110]

Miturheberschaft liegt vor, wenn ein Werk eine untrennbare Einheit bildet und von mehreren Personen gemeinsam geschaffen worden ist. Die gemeinsame Herstellung des Werkes ist ein Realakt, wobei der Beitrag des Miturhebers eine persönliche geistige Schöpfung und nicht nur eine Anregung oder Hilfestellung sein muss. Wenn kein eigenständiger schöpferischer Beitrag im Schaffensprozess geleistet wurde, erwerben die Gehilfe:innen (zB Materialbeschaffer:innen oder Korrekturleser:innen) oder Auftraggeber:innen kein Urheberrecht.[111] Da wissenschaftliche Lehren, Theorien und Forschungsergebnisse nicht in ihrem Inhalt urheberrechtlich geschützt sind (sondern nur in ihrer Form, siehe 2. Kapitel I.A.), ist für die gemeinsame Schöpfung des Werkes auch eine Mitwirkung an der Darstellung der Forschungsergebnisse erforderlich. Eine untrennbare Einheit liegt vor, wenn das Werk nicht in einzelne, selbständige Teile zerlegt werden kann, was bei wissenschaftlichen Werken häufig der Fall ist. Die Miturheber:innen wissenschaftlicher Werke teilen die »Bearbeitung« abschnittsweise auf, wobei es für die Begründung der Miturheberschaft darauf ankommt, ob die einzelnen Beiträge ohne weitere Ergänzung oder Umgestaltung selbständig verkehrsfähig sind. Bei einer Miturheberschaft bedarf jede Verwertung des Werkes der Zustimmung aller Miturheber:innen, denn sie bilden eine

108 *Appl* in FS Nowotny, 711.

109 *Appl* in FS Nowotny, 708.

110 *Ciresa*, Praxishandbuch Urheberrecht, 25; *Kusznier* in *Kucsko/Handig*, urheber.recht^{2}, § 11 UrhG, Rn 1 (Stand 1.4.2017, rdb.at).

111 *Appl* in FS Nowotny, 712; *Dillenz* in *Strasser*, 106; *Kusznier* in *Kucsko/Handig*, § 11 UrhG, Rn 14–21, 40.

Gesamthandgemeinschaft nach § 11 Abs 1 UrhG.[112] Abwehrrechte kommen jedoch den einzelnen Miturheber:innen autonom zu. [113]Teilurheberschaft hingegen ist das bloße Verbinden von Werken, wodurch die einzelnen Teile auch trennbar und gesondert verwertbar sind (zB bei unterschiedlichen Werkgattungen). Bei der Teilurheberschaft handelt es sich um eine Gesellschaft bürgerlichen Rechts.[114]

2. Urheberpersönlichkeitsrechte

Ist die Frage der Urheberschaft geklärt, entsteht mit der Werkschöpfung originär das Urheberpersönlichkeitsrecht der Autoren:innen. Das Urheberpersönlichkeitsrecht räumt den Autoren:innen mehrere Einzelrechte ein: das Veröffentlichungsrecht, das Recht der ersten Inhaltsangabe eines Werkes, den Schutz der Urheberschaft, das Recht auf Urheberbezeichnung, den Werkschutz und Zugangsrechte zum Werk.[115] Urheberpersönlichkeitsrechte sind unter Lebenden nicht auf Dritte übertragbar, können jedoch von Verwertungsgesellschaften, wie zB der Literar-mechana, treuhändig wahrgenommen werden.[116] Selbst im Fall von Dienstnehmer- oder Auftragsschöpfungen ist stets der/die Schöpfer:in selbst originär am Werk berechtigt, solange nicht einzel- oder kollektivvertragliche Rechteeinräumungen dem entgegenstehen (gegenteiliges bei Computerprogrammen und Datenbanken; wenn hier eine vertragliche Regelung fehlt, kommen dem Arbeitgeber ex lege die Verwertungsbefugnisse nach § 40b und §40f UrhG zu).[117] Handelt es sich beim/bei der Schöpfer:in um jemanden in einem öffentlich-rechtlichen Dienstverhältnis, wie zB einem/r Wissenschaftler:in in seiner Tätigkeit für eine öffentlich-rechtlichen Universität, so steht einer derartigen vertraglichen Rechteeinräumung das Grundrecht auf Freiheit der Wissenschaft nach Art 17 StGG entgegen, mit Ausnahme von § 106 Abs 2 UG 2002 (dazu später mehr im 3. Kapitel).

---

112 *Kusznier* in *Kucsko/Handig*, § 11 UrhG, RN 17, 22–23, 26.

113 *Appl* in FS Nowotny, 712.

114 *Kusznier* in *Kucsko/Handig*, § 11 UrhG, Rn 42.

115 *Ciresa*, Praxishandbuch Urheberrecht, 95.

116 *Appl* in FS Nowotny, 711; *Ciresa*, Praxishandbuch Urheberrecht, 95; siehe Literar-Mechana, Unsere Leistungen, abrufbar unter: https://literar.at/%c3%bcber-uns/unsere-leistungen (Stand: 12.05.2023).

117 *Appl* in FS Nowotny, 712.

Die Open-Access-Forderung kann, je nach Open-Access-Modell (insb »Gold OA«), die Rechte, wie zB das Erstveröffentlichungsrecht, der Autoren:innen beeinträchtigen. Beim Erstveröffentlichungsrecht handelt es sich um das ausschließliche Recht, darüber zu entscheiden, ob, wann, durch wen und wie das Werk erstmals der Öffentlichkeit zugänglich gemacht wird. Das Veröffentlichungsrecht ist ein Bestandteil jeder Werkverwertung und ist in den einzelnen Verwertungsrechten enthalten. Autoren:innen von Werken der Literatur nach § 2 UrhG räumen idR Verlagen ausschließliche Rechte zur Werknutzung ein (meist als Bestandteil eines Verlagsvertrages nach §§1172, 1173 ABGB), welche die Veröffentlichung des Werkes vorsehen.[118] Daher ist das Veröffentlichungsrecht auch häufig ein Spannungsfeld zwischen Verlag, Autor:in und der Open-Access-Forderung, auch weil explizite Bestimmungen zur Veröffentlichung im Hochschulrecht wie zB § 86 und § 106 Abs 1 UG 2002 normiert sind (siehe 3. Kapitel).[119]

3. Urheberrechtliche Verwertungsrechte

Neben den Urheberpersönlichkeitsrechten stehen den Autoren:innen auch vermögensrechtliche Befugnisse in Form von Verwertungsrechten zu. Dabei handelt es sich um ausschließliche Rechte, also der Natur nach ein Abwehrrecht, womit die Autoren:innen berechtigt sind, Dritte von der Werknutzung auszuschließen oder auch Nutzungsrechte mittels eines Werknutzungsvertrages einzuräumen. Zu jeder Verwertungsart bzw. Verwertungshandlung gibt es ein entsprechendes Recht. Die Frage der Öffentlichkeit spielt bei allen Verwertungsrechten eine Rolle, denn die Nutzung in der Privatsphäre der Nutzer:innen löst keine urheberrechtlichen Ansprüche aus. Der bloße Werkgenuss ist urheberrechtlich nicht wesentlich.[120]

Folgende Verwertungsrechte werden im österreichischen Urheberrechtsgesetz taxativ aufgelistet und stehen den Urheber:innen zu: Bearbeitung und Übersetzung (§ 14 Abs 2), Vervielfältigung (§ 15), Verbreitung (§ 16), Vermieten und Verleihen (§ 16a), Sendung (§§ 17,17a und 17b), öffentliche Wiedergabe (§ 18) sowie das Zurverfügungstellungsrecht

---

118 *Ciresa*, Praxishandbuch Urheberrecht, 96.
119 Vgl *Ciresa*, Praxishandbuch Urheberrecht, 96.
120 *Ciresa*, Praxishandbuch Urheberrecht, 107.

(§ 8a).[121] Die genannten Verwertungsarten basieren auf einem Stufensystem, um sämtliche Endverbraucher mittelbar zu erfassen und bei jedem Hinzutreten einer neuen Öffentlichkeit auf ein Verwertungsrecht zugreifen zu können. Davon abhängig wird zwischen Erst-, Zweit- oder Drittverwertung unterschieden.[122]

Das **Vervielfältigungsrecht** ermöglicht es ausschließlich Urheber:innen ihre/seine Werke analog oder auch digital zu kopieren (**15 Abs 1 UrhG**), wobei nach der Rsp auch das Digitalisieren analoger Werke sowie das Einspeichern in einer Datenbank als Vervielfältigung gilt; es kommt nicht auf die Art und Beschaffenheit des Speichermediums an.[123] Das **Verbreitungsrecht nach § 16 UrhG** gestattet dem/der Urheber:in, ihr/sein Werk (ob im Original oder als Kopie) feilzuhalten (dh öffentliches Anbieten, ohne dass es ein Verkaufsangebot sein muss, wie zB ein Buch in einer Auslage) und das Werk in Verkehr zu bringen, indem es der Öffentlichkeit zugänglich gemacht wird. Nur »körperliche« Gegenstände können nach dem UrhG verbreitet werden. Nach der Rsp des EuGH setzt das Inverkehrbringen einen Eigentumsübergang voraus.[124] Das bedeutet, dass jemand zB ein wissenschaftliches Werk in Form eines Buches kaufen, lesen und anschließend weiterverkaufen kann, ohne dass sich die/der Urheber:in dagegen wehren kann, da auch sonst jede weitere Verbreitung nur mit Zustimmung der Berechtigten erfolgen könnte und dies den Rechtsverkehr erheblich einschränkt. Mit der Eigentumsübertragung eines Werkes erschöpft sich das Verbreitungsrecht des Rechteinhabers nach § 16 Abs 3, führt aber nicht zum Erlöschen der anderen Verwertungsrechte.[125]

Das **Verwertungsrecht der Zurverfügungstellung nach § 18a UrhG** erlaubt dem/der Urheber:in bzw. Rechteinhaber:in die Verwertung des Werkes, indem sie es der Öffentlichkeit interaktiv zum Abruf anbietet.

---

121 Den Rahmen für die taxativ aufgezählten Verwertungsrechte geben internationale und unionsrechtliche Vorgaben wie zB die RBÜ, das WUA oder EU-Richtlinien wie die SoftwareRL, die DatenbankRL und die InfoRL. Vgl *Anderl* in *Kucsko/Handig*, urheber.recht², § 14 UrhG, Rn 2 (Stand 1.4.2017, rdb.at).

122 *Ciresa*, Praxishandbuch Urheberrecht, 107.

123 Vgl EuGH 11.09.2014 C-117/13, TU Darmstadt gegen Eugen Ulmer KG, Rn 37; OGH 4 Ob 345/98h MR 1999, 94 (*Walter*); RIS-Justiz RS0111447; *Ciresa*, Praxishandbuch Urheberrecht², 110.

124 RIS-Justiz RS0130680; *Ciresa*, Praxishandbuch Urheberrecht², 114–116.

125 *Ciresa*, Praxishandbuch Urheberrecht², 114–116.

Es ist das **interaktive Online-Recht** des/r Urhebers:in, womit der Abruf am Werk interessierten Nutzer:innen individuell (»on demand«) ermöglicht wird.[126] Der Begriff der Öffentlichkeit entspricht jenem des § 18 UrhG (Öffentliche Wiedergabe), wobei eine Verwertungshandlung öffentlich ist, wenn die Adressaten der Wiedergabe eine Mehrzahl von Mitgliedern der Öffentlichkeit entsprechen, welche keine persönliche Verbundenheit zueinander oder zum Werk haben. Maßgebend ist auch die sog sukzessive Öffentlichkeit, so dass die Betrachtung der Anzahl der Nutzer:innen über einen längeren Zeitraum erfolgt, wie es va beim Abruf über das Internet üblich ist.[127] Das Zurverfügungstellungsrecht ist va für Werke, welche im Internet verfügbar gemacht werden sollen (wie zB eBooks oder eJournals), von Interesse und somit auch für die Open-Access-Forderung von Belangen.

Wie oben erwähnt, kann ein Käufer eines Buches das Werk weiterverkaufen, ohne dass sich die/der Urheber:in dagegen wehren kann. Bei elektronischen Büchern oder Zeitschriften sieht dies anders aus. Im EuGH-Urteil »Tom Kabinet«[128] hat sich das Gericht mit der Bereitstellung von eBooks zum Download zur unbegrenzten Nutzung auseinandergesetzt. Abzuklären war, ob es sich bei einem Download eines eBooks um eine Verbreitungshandlung iSv Art 4 Abs 1. der InfoRL (entspricht § 16 UrhG) oder um eine »öffentliche Wiedergabe« nach Art 3 Abs 1 der InfoRL (entspricht § 18a UrhG) handelt. Der Ausgang dieses Urteils war somit für die Anwendbarkeit des Erschöpfungsgrundsatzes maßgebend. Der EuGH entschied, dass eBooks eine ungleich längere Haltbarkeit als Bücher beim Lesen haben und allein deshalb ein Weiterverkauf unterschiedlich zu behandeln wäre. Im Ergebnis ist das Herunterladen unter den Begriff der öffentlichen Wiedergabe gem Art 3 Abs 1 der InfoRL (in Folge §18a UrhG) zu subsumieren, womit eine Erschöpfung ausscheidet. Somit ist bei der Verbreitung von eBooks stets die Zustimmung des Rechteinhabers notwendig.[129]

Gem **§ 24 UrhG** können Urheber:innen ihre Verwertungsrechte an einem Werk (als gesamtes Rechtsbündel oder auf einzelne Ver-

126 *Ciresa*, Praxishandbuch Urheberrecht^2, 126; *Gaderer* in *Kucsko/Handig*, § 18a UrhG, Rn 2 (Stand 1.4.2017, rdb.at).

127 *Gaderer* in *Kucsko/Handig*, § 18a UrhG, Rn 13–14.

128 EuGH 19.12.2019, C-263/18 Tom Kabinet.

129 EuGH 19.12.2019, C-263/18, BB 2020, 83 (*Uphoff/Reich*); *Anderl/Heinzl*, Handel mit gebrauchten Gütern in ÖBl 2020/57.

wertungshandlungen eingeschränkt) mittels eines **ausschließlichen Werknutzungsrechts oder einer nicht-ausschließlichen Werknutzungsbewilligung** derivativ jemandem Dritten einräumen.[130] Im Fall der wissenschaftlichen Publikationen räumen die Autoren:innen den Verlagen die erforderlichen Nutzungsrechte ein, meist in Form eines ausschließlichen Werknutzungsrechts. Wurde dem Verlag ein ausschließliches Nutzungsrecht eingeräumt, so bedarf auch jede weitere Verwertung des Werkes durch den/die Urheber:in oder Miturheber:in die Zustimmung des Verlages, sofern nichts Abweichendes vereinbart worden ist.[131] Daher kann auch dies ein Spannungsfeld zwischen Verlag und der Open-Access-Forderung darstellen, wenn der/die Autor:in ihr/e Werk Open Access zur Verfügung stellen möchte.

4. Freie Werknutzungen/gesetzliche Lizenzen

Das Urheberrecht sieht einige Schranken vor, welche auch nicht durch ausschließliche Nutzungsrechte abbedungen werden können. Im Gegenzug und zur Einschränkung der Verwertungsrechte gibt es sogenannte **freie Werknutzungen oder gesetzliche Lizenzen/Nutzungsrechte**. Das Urheberrecht ist als Teil der gesamten Rechtsordnung zu sehen, die auch andere Güter wie zB die Meinungsfreiheit schützt. Die EU hat mit der UrheberrechtsRL (auch als InfoRL bekannt), insb mit Art 5, einen abschließenden Katalog freier Werknutzungen vorgebracht. Freie Werknutzungen erlauben die **zustimmungsfreie Nutzung** von Werken, um u. a. dem Interesse der Allgemeinheit an einem ungehinderten Zugang zu den einzelnen Kulturgütern Rechnung zu tragen.[132] Nach der Rsp des EuGH tragen gesetzliche Lizenzen zu einem gerechten Ausgleich zwischen Urheberrecht und anderen konkurrierenden Grundrechten bei.[133]

---

130 *Appl* in FS Nowotny, 714.

131 *Appl* in FS Nowotny, 714.

132 *Ciresa*, Praxishandbuch Urheberrecht, 143, *Thiele* in *Thiele/Burgstaller*, UrhG Urheberrechtsgesetz, 4. Auflage, 2022, Vor §§41ff, Rn 1; *Spindler*, Rechtliche Rahmenbedingungen von OA, 49; *Zemann* in *Kucsko/Handig*, urheber.recht², § 42, RN 2 (Stand 1.4.2017, rdb.at).

133 EuGH 29.07.2017, C-476/17, Pelham, Rn 32 sowie 62; EuGH 29.07.2019, C-516/17, Spiegel Online, Rn 31; *Angelopoulos*, Study on EU copyright and related rights and access to and reuse of scientific publications, including

Die folgenden gesetzlichen Nutzungsrechte sind für die Nutzung von wissenschaftlichen Werken besonders von Interesse: **das Vervielfältigungsrecht zum eigenen Forschungsgebrauch nach § 42 Abs 2 UrhG, das Vervielfältigungsrecht in Bildungseinrichtungen nach § 42 Abs 6 UrhG, das Zitatrecht nach § 42f UrhG, die digitale Nutzung in Unterricht und Lehre nach §42g UrhG sowie das Text- und Datamining nach §42h UrhG.**[134]

Zwar ist die Vervielfältigung von Werken nach § 15 UrhG dem/den Urheber:innen vorbehalten, jedoch ermöglicht **§ 42 UrhG** gewisse Ausnahmen. § 42 UrhG ist ein Kompromiss zwischen den Interessen der Urheber:innen (Anerkennung eines unbeschränkten ausschließlichen Herrschaftsrechts) und der Leistungsschutzberechtigten (Interesse der Allgemeinheit am ungehinderten Zugang zu den einzelnen Kulturgütern).[135] Nach **§ 42 Abs 2 UrhG** darf jedermann (sowohl eine natürliche als auch juristische Person) ein Werk zum eigenen **Forschungsgebrauch vervielfältigen** (analog oder auch digital). Die Vervielfältigung wird dahingehend beschränkt, dass sie nur für Zwecke der Forschung durchgeführt werden darf und keine kommerziellen Zwecke (zB Auftragsforschung oder Verlagspublikationen) verfolgen darf. Als Forschung gilt das systematisch-methodische Streben nach Erkenntnis, wie es zB an Universitäten oder Forschungsinstituten ausgeübt wird. Der Forschungszweck bestimmt den Umfang und die Anzahl der freien Vervielfältigungen. So kann jeder forschen, auch wenn die Forschung nicht im Mittelpunkt des Berufs steht (zB Erstellen wissenschaftlicher Aufsätze durch Rechtsanwält:innen).[136] **Die Beschränkung der Vervielfältigung** sowie § 42 Abs 8 UrhG, wodurch das Kopieren ganzer Bücher oder ganzer Zeitschriften nicht gestattet ist,[137] **stehen der Open-Access-Forderung entgegen.**

Die **Vervielfältigung zu Unterrichts- und Lehrzwecken** für Schulen, Universitäten und andere Bildungseinrichtungen nach **§ 42 Abs 6 UrhG** erlaubt eine Vervielfältigung von Werken auf Papier oder ähnlichen

---

open access, Exceptions and limitations, rights retention strategies and the secondary publication right, 25.

134 *Appl* in FS Nowotny, 715.

135 *Zemann* in *Kucsko/Handig*, urheber.recht^2, § 42 UrhG, Rn 2 (Stand 1.4.2017, rdb.at).

136 *Appl* in FS Nowotny, 716.

137 *Zemann* in *Kucsko/Handig*, § 42 UrhG, Rn 51–52.

Trägern. Eine Verbreitung ist jedoch nur an die Teilnehmer:innen des Unterrichts oder der Lehrveranstaltung gestattet und nicht an die Öffentlichkeit (iSd Allgemeinheit oder einem breiteren Publikum). Selbst wenn aufgrund der Anzahl der Teilnehmer:innen (zB mehrere hunderte Studierende einer Lehrveranstaltung) und der fehlenden persönlichen Beziehung derselben der Öffentlichkeitsbegriff erfüllt sein könnte, ist ausdrücklich nur das Vervielfältigen an die Teilnehmer:innen zulässig und nicht an die Öffentlichkeit iSd Allgemeinheit.[138] Daher entspricht auch diese freie Werknutzung nicht den Anforderungen einer OA-Nutzung.

Das **Zitatrecht nach § 42f UrhG** erlaubt die wortgetreue Übernahme bereits bestehender fremder oder eigener Werke. Erschienene Sprachwerke dürfen in einem durch den Zweck gerechtfertigten Umfang in ein wissenschaftliches Werk übernommen und in dieser Form vervielfältigt, verbreitet, öffentlich vorgetragen, gesendet und auch im Internet öffentlich zugänglich gemacht werden. Voraussetzung für das wissenschaftliche Großzitat ist neben der Veröffentlichung (nach § 9 UrhG) des zitierten Werkes, dass die Entnahme aus einem fremden Werk erkennbar ist. Das Werk gilt als »wissenschaftlich«, wenn der Gegenstand zur wissenschaftlichen Behandlung geeignet ist und der/die Urheber:in des Werkes die Absicht des wissenschaftlichen Zweckes, insb zu Belehrungszwecken, erkennen lässt. Das Zitatrecht erlaubt in weiterem Umfang, andere Werke im Interesse der freien geistigen Auseinandersetzung zu nutzen oder in das eigene Werk aufzunehmen, nicht aber, sie rein dekorativ zu übernehmen.[139] Das Zitatrecht ist ein wesentlicher Bestandteil des wissenschaftlichen Arbeitens, aber selbst wenn Werke in größerem Umfang genutzt werden können, reicht es nicht aus, um die Forderung nach Open Access vollständig zu erfüllen.

Mit der DSM-Richtlinie wurde die Grundlage für weitere freie Werknutzungen geschaffen.[140] Dabei sind folgende freie Werknutzungsrechte hervorzuheben: die **digitale Nutzung in Unterricht und Lehre nach § 42g UrhG** sowie das **Text- und Datamining nach § 42h UrhG.**

---

138 *Ciresa*, Praxishandbuch Urheberrecht, 159.

139 *Appl* in FS Nowotny, 722; *Ciresa*, Praxishandbuch Urheberrecht, 172; *Dokalki/Zemann*, Österreichisches und Internationales Urheberrecht, 7. Auflage, § 42f UrhG, E 16-23 (Stand 1.10.2018, rdb.at).

140 *Homar* in *Thiele/Burgstaller*, UrhG Urheberrechtsgesetz, 4. Auflage, 2022, § 42g Rn 1.

§ 42g erlaubt die Werknutzung in digital unterstützten Lehrtätigkeiten in Schulen, Universitäten und anderen Bildungseinrichtungen (zB Fachhochschulen). Nach § 42g stellt die digitale Werknutzung eine Ausnahme von den meisten Verwertungsrechten zur Veranschaulichung des Unterrichts (iSd Jugenderziehung) oder der Lehre (iSd universitären oder anderweitigen Erwachsenenbildung) dar.[141] Sämtliche Werke iSd § 1 UrhG sind davon umfasst, sowohl die physischen in Buchform als auch jene, die im Internet öffentlich zur Verfügung gestellt worden sind (wie zB über wissenschaftliche Datenbanken). Nutzungen von Werken im privaten Umfeld sind nicht davon erfasst.[142] Die digitale Nutzung selbst bedarf einer Ortsgebundenheit, wie zB physisch an einem Ort unter der Verantwortung der Einrichtung, wie in Klassen, Hörsälen und Seminarräumen. Die digitale Nutzung in einer gesicherten elektronischen institutionellen Umgebung, wie zB Moodle (Bereitstellung von Werken) oder Zoom (Abhaltung von Lehreinheiten), ist ebenso gestattet (Abs 1 Z 2). Ein Beispiel der digitalen Nutzung ist, wenn Lehrende im Internet zur Verfügung gestellte Werke in Lehrveranstaltungen iSd § 18 Abs 3 wiedergeben, dadurch ein Werk öffentlich zur Verfügung stellt oder auf einer E-Learning-Plattform hochlädt.[143] § 42g Abs 1 verfolgt va einen privilegierten Zweck (zur Veranschaulichung des Unterrichts oder der Lehre) und richtet sich an einen beschränkten Adressatenkreis (zB Studierende). Es ist nicht geeignet, einem unbeschränkten Personenkreis einen unbeschränkten Zugang zu den wissenschaftlichen Publikationen zu gewähren. Zwar können ganze Bücher umfasst sein (wenn diese zur Veranschaulichung des Unterrichts/der Lehrveranstaltung dienen), jedoch dürfen die adressierten Personenkreise die ganzen Bücher nicht durch Downloads auf ihren Endgeräten oder Festplatten abspeichern. Das Einstellen von Werken auf eine allgemein zugängliche Website ist keine zulässige Nutzung.[144] § 42g Abs 2 schränkt die Nutzungsfreiheit für Werke zum Schul- oder Unterrichtsgebrauch auf eine Nutzung geringfügiger Auszüge ein.[145] Da neben dem eingeschränkten Personenkreis und Zugang auch die digitale Nutzung nicht kostenfrei ist (Abs 4 sieht einen Vergütungsanspruch vor), ist auch diese freie Wer-

141 *Homar* in *Thiele/Burgstaller*, § 42g UrhG, Rn 1–9.
142 *Homar* in *Thiele/Burgstaller*, § 42g UrhG, Rn 11–14.
143 *Homar* in *Thiele/Burgstaller*, § 42g UrhG, Rn 16–29.
144 *Homar* in *Thiele/Burgstaller*, § 42g UrhG, Rn 30–40.
145 *Homar* in *Thiele/Burgstaller*, § 42g UrhG, Rn 46–64.

knutzung nicht ausreichend geeignet, um die Open-Access-Forderung zu erfüllen.

Abschließend ist noch **§ 42h UrhG, Text- und Datamining** (TDM) zu nennen. Text- und Data-Mining ist die automatisierte Auswertung (mithilfe von Algorithmen) von großen Informationsmengen in sämtlichen urheberrechtlichen Schutzgegenständen mit dem Ziel, neue Erkenntnisse zu gewinnen und neue Trends zu erkennen.[146] Nach § 42h UrhG darf jede/r (sowohl natürliche als auch juristische Personen) für eine Forschungseinrichtung oder eine Einrichtung des kulturellen Erbes ein Werk vervielfältigen, um Texte und Daten in digitaler Form für die wissenschaftliche Forschung automatisiert auszuwerten und Informationen zu gewinnen.[147] Im TDM gilt die Werkneutralität, die Tatbestände (§ 42h Abs 1 und Abs 6) beziehen sich auf ein Werk iSd § 1 UrhG und erfasst sämtliche Werkarten sowie auch die Leistungsschutzrechte wie zB § 76d Abs 5.[148] Eine Vervielfältigung im Rahmen des Text- und Datamining wäre zB dann gegeben, wenn durch das Herunterladen von Werken aus dem Internet ein Datenkorpus entsteht, der anschließend auf einem Endgerät lediglich geladen wird. Die Informationsgewinnung aus diesen Daten selbst stellt einen Werkgenuss dar.[149] Diese Vervielfältigung darf nur Personen der gemeinsamen wissenschaftlichen Forschungsgruppe und vereinzelt Dritten (zB Peer-Review) zugänglich gemacht werden.[150] Das Bereitstellen der Vervielfältigung außerhalb dieses abgegrenzten Kreises wie zB die Bereitstellung zur Weiterverwendung durch andere Forschende (»Open Data«), ist nicht zulässig. Die aus der Auswertung und Informationsgewinnung gewonnenen Forschungsergebnisse hingegen können öffentlich zugänglich gemacht werden.[151] Der Prozess umfasst idR das Sammeln, Aufbereiten, Durchsuchen und Auswerten. Dies geschieht unter Einsatz einer Mining-Software, um schließlich Informationen (zB Muster zwischen den analysierten Texten und Daten) zu gewinnen. Das bloße Abspeichern von Werken auf einem elektronischen Speichermedium und das anschlie-

---

146 *Homar* in *Thiele/Burgstaller*, UrhG Urheberrechtsgesetz, 4. Auflage, 2022, § 42h, Rn 1.

147 *Homar* in *Thiele/Burgstaller*, § 42h UrhG, Rn 6.

148 *Homar* in *Thiele/Burgstaller*, § 42h UrhG, Rn 19–21.

149 *Homar* in *Thiele/Burgstaller*, § 42h UrhG, Rn 22–24.

150 *Homar* in *Thiele/Burgstaller*, § 42h UrhG, Rn 25–31.

151 *Homar* in *Thiele/Burgstaller*, § 42h UrhG, Rn 79.

ßende manuelle Durchsuchen und Auswerten ist nicht ausreichend.[152] Voraussetzung für TDM ist jedoch, dass ein rechtmäßiger Zugang zu dem vervielfältigten Werk vorliegt. Ein rechtmäßiger Zugang zu Werken liegt auch dann vor, wenn das Werk Open Access publiziert ist, zB im Internet unter CC-Lizenzen angeboten wird oder über Repositorien und Online-Kataloge von Bibliotheken verfügbar ist.[153] TDM nach § 42h UrhG unterscheidet sich von § 42 Abs 2 ua dadurch, dass für die Vervielfältigungen keine umfangmäßige Beschränkung vorgesehen ist.[154] §42h UrhG bietet somit eine Rechtsgrundlage für einen bestimmten Adressatenkreis, eine große Menge an Werken zu nutzen und Kenntnisse daraus zu ziehen, ist jedoch nicht geeignet, die dafür genutzten Werke der Öffentlichkeit frei und unbeschränkt zur Verfügung zu stellen.

Nach dem OGH sind die freien Werknutzungen nicht einschränkend auszulegen. Vielmehr sind die Tatbestände teleologisch nach dem Zweck der jeweiligen Ausnahme auszulegen. Die Ausnahmen und Beschränkungen des Art. 5 InfoRL sind jedoch nach der Rsp des EuGH eng auszulegen, was bei der Auslegung der freien Werknutzung zu berücksichtigen ist.[155] Da freie Werknutzungen als Ausnahmen von den ausschließlichen Verwertungsrechten nach dem jeweils verfolgten Gesetzeszweck (teleologisch) auszulegen sind, ist eine analoge Anwendung häufig auf andere Sachverhalte, wie eben OA-Bestreben, nicht zugänglich.[156]

Der Gesetzgeber stellt wissenschaftliche Werke unter urheberrechtlichen Schutz, normiert aber mit freien Werknutzungen die Förderung der Forschung. Die im Urheberrechtsgesetz enthaltenen gesetzlichen Lizenzen bieten der wissenschaftlichen Community eine wichtige Grundlage, um wissenschaftliche Werke anderer zu nutzen, zu vervielfältigen, Kenntnisse daraus zu ziehen und auch gewissen Personenkreisen die Werke zur Verfügung zu stellen. Dasselbe gilt zudem für Bibliotheken, da diese häufig in den Genuss von Ausnahmeregelungen des Urheberrechtsgesetzes kommen (zB § 42 Abs 7 – das Vervielfältigungsrecht von öffentlichen Sammlungen von Bibliotheken). Insgesamt bestehen keine

---

152 *Homar* in *Thiele/Burgstaller*, § 42h UrhG, Rn 32–35.

153 *Homar* in *Thiele/Burgstaller*, § 42h UrhG, Rn 50–56.

154 *Homar* in *Thiele/Burgstaller*, § 42h UrhG, Rn 4.

155 EuGH 10.4.2014, C-435/12, *ACI Adam*, ecolex 2014/297 (*Zemann*); OGH 4 Ob 94/92, MR 1993, 65 (*Walter*); *Zemann* in *Kucsko/Handig*, § 42 UrhG, Rn 2

156 Vgl *Ciresa*, Praxishandbuch Urheberrecht, 143.

Zweifel, dass der Gesetzgeber mit urheberrechtlichen Ausnahmen Mittel zur Verfügung stellt, welche die Forschungsförderung umfassend abdecken sollen.[157] Jedoch sind die freien Werknutzungen allein, auch wenn diese zur Wahrung individueller und allgemeiner Interessen dienen, nicht weitreichend genug, um der Open-Access-Forderung nachkommen zu können. Damit ein/e Autor:in als Urheber:in eine Nutzung iSv Open Access gewähren kann, müssen ausreichend Nutzungsrechte eingeräumt werden. Dies kann entweder auf Grundlage der Vertragsfreiheit oder mittels Zweitverwertungsrecht erfolgen.

C. Wie kann man wissenschaftliche Werke Open Access anbieten?

Autoren:innen können ihre wissenschaftlichen Werke auf folgende Weisen Open Access anbieten:[158]

- auf Basis einer entsprechenden vertraglichen Regelung mit dem Verlag, welche eine Nutzung bzw. Nachnutzung iS des OA ermöglicht
- auf Grundlage des Zweitverwertungs- bzw. Zweitveröffentlichungsrechts nach § 37a UrhG (siehe 3. Kapitel)
- selbstständig auf ihrer Website (Individual Self Archiving) oder auf institutionellen Archiven (Institutional Archiving)

Der Grundsatz der Vertragsfreiheit ist auch für das Urheberrecht bedeutsam. Die Urheber:innen können Dritten Nutzungsrechte mittels eines Rechtsgeschäfts einräumen. Die Erteilung bzw. Einräumung von Nutzungsrechten ist eine konstitutive Rechtsbegründung unter Belastung des Urheberrechts. Der/Die Nutzungsberechtigte (Lizenznehmer:in) ist die/der Rechtsnehmer:in der Urheber:innen, bis die Rechteeinräumung durch Vertragsablauf oder Kündigung endet. Der/die Autor:in eines Werkes kann einem Verlag gewisse Verwertungsrechte zur rechtswirksamen Veräußerung ihrer Werke zB in Buchform einräumen und anschließend Geldansprüche verlangen (= Tantiemen).[159]

Bei der Begründung von Verwertungs- bzw. Nutzungsrechten ist zwischen der **Erteilung von nicht-ausschließlichen (»nicht-exklusiven«)**

157 *Staudegger*, Open-Access-Veröffentlichungspflicht für Dissertationen? in Austrian Law Journal, 1. Auflage, 2018, 9–10, 14.

158 Vgl *Mantz* in *Spindler*, Rechtliche Rahmenbedingungen von OA, 55.

159 *Ciresa*, Praxishandbuch Urheberrecht, 180.

Werknutzungsbewilligungen und der **Einräumung von ausschließlichen (»exklusiven«) Werknutzungsrechten** zu unterscheiden.[160]

1. Verlagsvertrag und seine Schranken

§ 1172 ABGB regelt den Verlagsvertrag als einen formfreien Konsensualvertrag, wobei der/die Autor:in als Urheber:in sich verpflichtet, sein/ihr Werk einem Verlag zur Vervielfältigung und Verbreitung zu überlassen. Der Verlag übernimmt das Manuskript des/r Autors:in als Ergebnis der wissenschaftlichen Arbeit mit dem Zweck, dies der Öffentlichkeit auf eigene Rechnung zugänglich zu machen. IdR möchte der Verlag in derartigen Fällen ein exklusives Werknutzungsrecht von dem/der Urheber:in, sodass diese/r selbst für jede weitere Verwertung (abgesehen von den freien Werknutzungen) die Zustimmung des Verlages benötigt. Dies geht häufig mit Enthaltungspflichten der Urheber:innen einher, wobei die Verwertung der im Manuskript niedergeschriebenen Erkenntnisse, also die Ausdrucksform, zu enthalten ist. Der abstrakte Informationsgehalt ist bekanntlich urheberrechtsfrei. Vertragsrechtliches Verhandlungsgeschick der Autoren:innen ist hier gefragt, damit diese selbst nicht zu sehr von ihren eigenen Werken ausgeschlossen werden. Diese Verhandlungen finden jedoch selten auf Augenhöhe statt, wozu noch eine gewisse Abhängigkeit von den Verlagen hinzukommt.[161] Dieses Missverhältnis erschwert es Autoren:innen, ihre Werke Open Access zur Verfügung zu stellen. Um einen Ausgleich zwischen Verlagen, als monopolistische Gatekeeper, und Urheber:innen zu schaffen, kann das UrhG (zB in Form von § 36 oder 37a UrhG) oder die Vertragsfreiheit und Regelungen wie das SPARC-Addendum (siehe weiter unten) Abhilfe leisten.

§ 36 Abs 1 UrhG stellt klar, dass dem/der Herausgeber:in bzw. Verlag[162] nur eine Werknutzungsbewilligung an einem Beitrag, welcher

---

160 *Ciresa*, Praxishandbuch Urheberrecht, 181.

161 *Appl* in FS Nowotny, 745

162 Die Unterscheidung zwischen Verlag und Herausgeber ist vor allem, dass der Verleger lediglich Werke zu vervielfältigen und verbreiten hat. Wenn der Verleger zB auch eine Auswahl und Zusammenstellungen bei Sammlungen vornimmt und die Beiträge aneinander anpasst, so ist er ein Herausgeber. Vgl *Handig* in *Kucsko/Handig*, urheber.recht[2], § 36 UrhG, Rn 19–21 (Stand 01.04.2017, rdb.at);

in einer periodischen Sammlung (insb Zeitungen, Zeitschriften, Jahrbücher) erscheint, zusteht, wenn nichts anderes mit dem/der Herausgeber:in bzw. Verlag vereinbart wurde. Der/die Urheber:in kann das Werk somit anderweitig herausbringen, wenn nichts anderes vereinbart wurde. Abs 2 erlaubt dem/der Urheber:in, das in Abs 1 genannte Werk neuerlich nach einem Zeitablauf zu verwerten. § 36 UrhG räumt dem Verlag das Recht ein, das Werk zu vervielfältigen, jedoch ohne ihn zu verpflichten, womit es sich auch vom Verlagsvertrag unterscheidet. Das Zweitverwertungsrecht der Urheber:in nach § 36 UrhG umfasst jedoch nur die Vervielfältigung und Verbreitung nach § 16, weshalb eine interaktive Wiedergabe nach § 18a UrhG nicht in Frage kommt und somit der OA-Nutzung entgegenstehen kann.[163] § 37a UrhG erlaubt es, Urheber:innen ihre in periodischen Sammlungen publizierten wissenschaftlichen Beiträge nach einer »Embargofrist« im Wege des »Open Access« zugänglich zu machen[164] (dazu später mehr, siehe 3. Kapitel).

US-amerikanische Bibliotheken (SPARC – Scholary Publishing and Academic Resources Coalition) haben sich zum Ziel gesetzt, gemeinsam gegen etablierte kommerzielle Verlage vorzugehen und die Publikationsmöglichkeiten wissenschaftlicher Literatur zu Gunsten der Urheber:innen zu verbessern. Es entstand das SPARC Author's Addendum als vorformulierter Vertragsanhang, der von Autor:innen in die Vertragsverhandlungen mit dem Verlag aufgenommen werden soll. Mithilfe dieses Anhangs soll der/die Urheber:in das Recht vorbehalten werden, das Werk zu vervielfältigen, zu verbreiten und auszustellen, sofern dies nicht kommerziell erfolgt. Zwar kann der/die Urheber:in dem Verlag ein Werknutzungsrecht einräumen, die Enthaltungspflichten werden aber reduziert. Das SPARC Author's Addendum bietet eine Grundlage, gewisse Rechte bei den Urhebern zu belassen, jedoch müssen diese, neben der Rechtsordnung, genau beachten, ob sie ihr Werk auch unter einer Open-Access-Lizenz (wie zB CC-Lizenzen oder andere) anbieten können. Es empfiehlt sich, dem Verlag für elektronische Publikationen lediglich einfache Nutzungsrechte einzuräumen.[165]

---

163 *Handig* in *Kucsko/Handig*, § 36 UrhG, Rn 1–12; *Burgstaller* in *Thiele/Burgstaller*, UrhG Urheberrechtsgesetz, 4. Auflage, 2022 § 36 UrhG, Rn 1–4,8–9, 17.

164 *Homar* in *Thiele/Burgstaller*, UrhG Urheberrechtsgesetz, 4. Auflage, 2022, § 37a UrhG, Rn 1ff.

165 *Mantz* in *Spindler*, Rechtliche Rahmenbedingungen von OA, 96–103; SPARC Author's Addendum auch abrufbar unter: https://sparcopen.org/our-work/

Dass Verlage als Gatekeeper dem/r Urheber:in häufig die Möglichkeit der weiteren Verbreitung ihrer Werke nur eingeschränkt gestatten, führte zu Rights-Retention-Strategien institutioneller, nationaler und internationaler Initiativen. Hierbei handelt es sich um nicht-gesetzgeberische Initiativen von öffentlichen Einrichtungen (wie zB Universitäten) und/oder Forschungsförderern (zB FWF). Die Rights-Retention-Strategie soll den Forscher:innen ermöglichen, ihre Verwertungsrechte zu behalten und steht somit dem ausschließlichen Werknutzungsrecht entgegen, welche Verlage sich gerne einräumen lassen wollen. Wenn die Initiative auch eine Verpflichtung zur Open-Access-Publikation vorsieht, spricht man von einem »Open-Access-Mandat«.[166] Gemäß Plan S müssen sämtliche wissenschaftliche Publikationen, die mit öffentlichen Fördermitteln von cOAlition-S-Mitgliedern unterstützt wurden, seit dem 1. 1. 2021 Open Access zugänglich sein. Autor:innen oder ihre Einrichtung sollen ausreichende Rechte beibehalten, um OA-Anforderungen erfüllen zu können. Das Author Accepted Manuscript soll von den Autor:innen mithilfe von Creative-Common-Lizenzen ohne Embargo frei in Repositorien zugänglich gemacht werden.[167]

Es ist dennoch festzuhalten, dass Verlage die Autor:innen von wissenschaftlichen Werken erheblich entlasten, indem sie die Ergebnisse für diese verbreiten, Erkenntnisse der Autor:innen aufbereiten und so zur Verfügung stellen, dass sie zugänglich sind und weitere Forschung anregen. Mithilfe von Verfahren zur Qualitätssicherung (insb Peer-Review) tragen die Verlage ebenso zum wissenschaftlichen Fortschritt bei, auch wenn das nicht bedeutet, dass die jeweiligen Redakteure:innen die Qualität aller Texte bis ins letzte Detail überprüfen.[168] Die Autor:innen wissenschaftlicher Werke sind nicht verpflichtet, ihre Arbeiten bei einem Verlag zu veröffentlichen, es ist jedoch unstrittig, dass die Veröffentlichung von Forschungsergebnissen in einer renommierten Zeitschrift eher in den wissenschaftlichen Diskurs gelangt, als wenn

---

author-rights/#addendum (Stand: 12.05.2023)

166 *Angelopoulos*, Study on EU copyright, 25.

167 *Angelopoulos*, Study on EU copyright, 25–26; FWF, »Rights Retention Strategy« ebnet den Weg für Open Access, abrufbar unter: https://www.fwf.ac.at/de/news-presse/news/nachricht/nid/20200715-2541 (Stand: 12.05.2023).

168 *Rux*, Open Access in Academic Publishing on Law and Jurisprudence, verfassungsblog.de, 2.

das Werk lediglich auf der Homepage des/der Autors:in veröffentlicht wird.[169]

2. Institutionelle und individuelle Archivierung

Self-Archiving ist eine Möglichkeit, dem/der Urheber:in ein Werk unter Zugrundelegung einer OA-Lizenz zu veröffentlichen. Dies kann geschehen, indem das Werk entweder auf der Homepage der Urheber:innen (Individual Self Archiving) oder einer institutionellen Repositoriumsbetreiberin (Institutional Self Archiving) hinterlegt wird.[170]

Beim Institutional Self Archiving übernimmt eine Universität oder Bibliothek als Repositoriumsbetreiberin die Rolle der Vermittlerin.[171] Der/die Urheber:in hinterlegt ihr wissenschaftliches Werk im Repositorium. Wie die weitere Verbreitung erfolgt, ist abhängig von der Vereinbarung zwischen Urheber:in und Repositorium. Es handelt sich um ein Dreipersonenverhältnis, mit den Beteiligten der Rechteinhaber:in, dem Repositorium und den Nutzenden. Der/die Urheber:in räumt den Repositorien Nutzungsrechte entweder mittels CC-Lizenzen oder sonstigen Vereinbarungen ein. Je nach Ausgestaltung des Nutzungsrechtes ist es dem Repositorium entweder gestattet, das Werk selbst weiter zu verbreiten und Open Access anzubieten oder dies in Vertretung der Urheber:innen zu tun. Der tatsächliche Umfang der Nutzungsrechte sowie die Bestimmung des Vertragspartners ist davon abhängig, welche Nutzungsrechte die Urheber:innen dem Repositorium tatsächlich einräumen. Wichtig ist, dass das Repositorium über ausreichende Nutzungsrechte verfügt, denn ansonsten kann das Betreiben eines Repositoriums die Gefahr einer Mitverantwortlichkeit für Rechtsverletzungen bergen.[172]

Beim Individual Self Archiving stellt der/die Urheber:in den Nutzern über elektronische Telekommunikationsmethoden, wie eben einer eigenen Website, das Werk iSd Open Access zur Verfügung. Dass für das Individual Self Archiving kaum Vorgaben bestehen, lässt sich in

169 *Rux*, Open Access in Academic Publishing on Law and Jurisprudence, verfassungsblog.de, 5.

170 *Mantz* in *Spindler*, Rechtliche Rahmenbedingungen von OA, 56.

171 *Mantz* in *Spindler*, Rechtliche Rahmenbedingungen von OA 56; *Weber* in *Spindler*, Rechtliche Rahmenbedingungen von OA, 182.

172 *Mantz* in *Spindler*, Rechtliche Rahmenbedingungen von OA, 90f.

den unterschiedlichen Gestaltungen der Webseiten erkennen. Je nach Urheber:in finden sich peer-reviewed Artikel, Vortragsunterlagen, Berichte, Ausschnitte aus Interviews etc. Die Urheber:innen gestatten Interessierten auf Basis eines Nutzungsvertrages die Nutzung des wissenschaftlichen Werkes. Interessierte (auch ein Repositorium als »Nutzerin«) können somit auf das Werk zugreifen, es durchsuchen, lesen und auf sonstige Weise nutzen, wobei das tatsächlich erlaubte Ausmaß der Nutzung vom Nutzungsvertrag abhängig ist.[173]

3. Creative-Common-Lizenzen

Der Kern der Rechteinräumung iSd Open Access liegt im Urhebervertragsrecht. Der/Die Lizenzgeber:in kann Interessierten gewisse Nutzungsrechte an einem Werk einräumen, die andernfalls durch ein Gesetz ausgeschlossen oder beschränkt und nicht ausreichend iSv Open Access wären.[174] Um sämtlichen Interessierten ausreichende Nutzungsrechte einräumen zu können, eignen sich va die Standardlizenzen. Hierbei handelt es sich um eine Werknutzungsbewilligung nach § 24 Abs 1 UrhG.[175] Standardlizenzen wurden als Alternative zu den übermäßigen gesetzlichen Schranken des Urheberrechts entworfen. Es soll jedem, ohne individuelle Verhandlungen, weltweit und vergütungsfrei, ggf unter bestimmten Bedingungen unbeschränkt Nutzungen vorab erlauben. Es handelt sich um so genannte »Jedermannlizenzen«, wobei den Anfang die Software-Lizenz GPL machte.[176]

Eine der bekanntesten Standardlizenzen ist jene der Creative Commons. Sie wird zB von der Online-Enzyklopädie Wikipedia genutzt. Das Ziel der CC-Lizenzen ist es, einfache verständliche Nutzungsverträge

173 *Mantz* in *Spindler*, Rechtliche Rahmenbedingungen OA, 56; *Prabitz*, Open Access, 28.

174 *Bargheer/Bellem/Schmidt* in *Spindler*, Rechtliche Rahmenbedingungen von OA, 5.

175 Vgl *Bargheer/Bellem/Schmidt* in *Spindler*, Rechtliche Rahmenbedingungen OA, 6; *Borbas*, Creative-Commons-Lizenzen: Recht und Praxis in MR 2017, 231.

176 *Weitzmann*, Die Lizenzen von Creative Commons in der Praxis, 38 bei einem Vortrag im Rahmen der Veranstaltung »Lizenzangaben und Rechtedokumentationen im Dialog – Datenflüsse nachhaltig gestalten« am 07. November 2017, DNB, Frankfurt a. M; Creative Commons, Lizenzen, abrufbar unter: https://creativecommons.org/licenses/by/4.0/legalcode.de#s6a (Stand: 12.05.2023).

dem/den Urheber:innen zur Verfügung zu stellen. Selbstbestimmt können diese entscheiden, ob und unter welchen Bedingungen ihre Schutzgegenstände weitergenutzt werden können.[177] Die Creative Commons bestehen aus sechs Kernlizenzen (CC-Lizenzen). Der Lizenzgeber kann das Grundgerüst mittels folgender vier Module beliebig nach einem Baukastensystem zusammensetzen.[178]

- BY für »Attribution« – Namensnennungspflicht

Abbildung 4 – Piktogramm, Namensnennungspflicht BY, Quelle: www.creativecommons.org

- SA für »Share Alike« – verpflichtet zur Weitergabe unter gleichen Lizenzbedingungen

Abbildung 5 – Piktogramm, selbe Lizenzbedingungen SA, Quelle: www.creativecommons.org

- ND für »No Derivatives« –Bearbeitungen sind nicht erlaubt

Abbildung 6 – Piktogramm, keine Bearbeitungen ND, Quelle: www.creativecommons.org

- NC für »Non Commercial« – verbietet die kommerzielle Nutzung.[179]

Abbildung 7 – Piktogramm, keine kommerzielle Nutzung NC, Quelle: www.creativecommons.org

Creative Commons sind vorformulierte Nutzungsverträge, die auf der Grundlage des Urheberrechts funktionieren, sofern der Lizenzgeber auch individuell entsprechende Rechte besitzt. Sie sind sehr allgemein gehalten und nahezu für jede Verwertung des Werks anwendbar. Alle

---

177 Creative Commons, Legal Code, Abschnitt 1 – Definitionen, abrufbar unter: https://creativecommons.org/licenses/by/4.0/legalcode.de (Stand: 12.05.2023).

178 *Ciresa*, Praxishandbuch Urheberrecht, 179; *Borbas*, Creative-Commons-Lizenzen: Recht und Praxis in MR 2017, 231; Creative Commons, About CC Licenses, abrufbar unter: https://creativecommons.org/about/cclicenses/ (Stand: 12.05.2023).

179 *Ciresa*, Praxishandbuch Urheberrecht[2], 179. Creative Commons, About CC Licenses, abrufbar unter: https://creativecommons.org/about/cclicenses/ (Stand: 12.05.2023)

CC-Lizenzen werden bis zum Ablauf der urheberrechtlichen Schutzfrist erteilt und beinhalten die Namensnennung als Bestandteil der Nutzung. Werden die eingeräumten Nutzungsrechte überschritten, so entfällt das Nutzungsrecht. Lizenzgeber können die Weitergabe des Werkes auch ex nunc beenden oder unter andere Lizenzen stellen, jedoch bereits erteilte Werknutzungsbewilligungen nicht widerrufen.[180]

Folgende Creative Common -Kombinationen sind möglich:

- **CC-BY Lizenz**

Abbildung 8 – CC-BY, Quelle: www.creativecommons.org

Die CC-BY-Lizenz ist die freieste CC-Lizenz und wird für die maximale Verbreitung und Nutzung des lizenzierten Inhalts empfohlen. Es gestattet das Werk zu verbreiten, zu verändern, zu verbessern, darauf aufzubauen sowie kommerziell zu nutzen, solange der/die Urheber:in des Originals genannt wird. Damit ist dies auch die »reinste« Form der OA-Nutzung.[181]

- **CC-BY-SA**

Abbildung 9 – CC-BY-SA, Quelle: www.creativecommons.org

Das Werk darf iSd § 5 UrhG bearbeitet, auf sonstige Weise genutzt (zB umgestaltet und übersetzt) und weiterverbreitet werden, solange der/die Urheber:in genannt und die verarbeiteten Werke unter denselben Lizenzbedingungen wie das Original veröffentlicht wird.[182]

---

180 *Borbas*, Creative-Commons-Lizenzen: Recht und Praxis in MR 2017, 231; *Weitzmann*, Die Lizenzen von Creative Commons in der Praxis, 50; Creative Commons, Lizenzen, abrufbar unter: https://creativecommons.org/licenses/by/4.0/legalcode.de#s6a (Stand: 12.05.2023)

181 *Ciresa*, Praxishandbuch Urheberrecht^{2}, 179; Creative Commons, About CC Licenses, abrufbar unter: https://creativecommons.org/about/cclicenses/ (Stand: 12.05.2023); *Rux*, Open Access in Academic Publishing on Law and Jurisprudence, verfassungsblog.de, 6

182 *Ciresa*, Praxishandbuch Urheberrecht^{2}, 179; Creative Commons, About CC Licenses, abrufbar unter: https://creativecommons.org/about/cclicenses/ (Stand: 12.05.2023).

- **CC-BY-ND** *Abbildung 10 – CC-BY-ND, Quelle: www.creativecommons.org*

Der/die Nutzer:in darf das Werk weiterverbreiten, kommerziell wie nicht-kommerziell. Es unterscheidet sich von der CC-BY-Lizenz lediglich dahingehend, dass es nicht gestattet ist, das Werk zu verändern und abzuwandeln.[183]

- **CC-BY-NC** *Abbildung 11 – CC-BY-NC, Quelle: www.creativecommons.org*

Entspricht im Wesentlichen der CC-BY-Lizenz, d. h. die Lizenz darf abgewandelt und verbreitet werden, jedoch ist eine kommerzielle Nutzung nicht gestattet. Als kommerziell gilt die Handlung, wenn damit ein wirtschaftlicher Vorteil erzielt werden soll. Sofern im Zuge der Nutzung auch tatsächlich kein Geld fließt, ist nicht von einer kommerziellen Nutzung auszugehen.[184]

- **C-BY-NC-SA** *Abbildung 12 – CC-BY-NC-SA, Quelle: www.creativecommons.org*

Mit dieser Lizenz ist die kommerzielle Nutzung untersagt und eine Weitergabe nur unter denselben Bedingungen dieser Lizenz oder Nachfolgeversion gestattet. Das Werk darf dennoch verarbeitet, verbreitet und es darf darauf aufgebaut werden.[185]

- **CC-BY-NC-ND** *Abbildung 13 – CC-BY-NC-ND, Quelle: www.creativecommons.org*

Hierbei handelt es sich um die restriktivste Form der CC-Lizenz, da neben der kommerziellen Nutzung auch die Veröffentlichungen von Be-

---

183 *Ciresa*, Praxishandbuch Urheberrecht^2, 179; *Borbas*, Creative-Commons-Lizenzen: Recht und Praxis in MR 2017, 231, 6; Creative Commons, About CC Licenses, abrufbar unter: https://creativecommons.org/about/cclicenses/ (Stand: 12.05.2023).

184 *Ciresa*, Praxishandbuch Urheberrecht^2, 180; *Borbas*, Creative-Commons-Lizenzen: Recht und Praxis in MR 2017, 231, 6.

185 *Ciresa*, Praxishandbuch Urheberrecht^2, 180; *Borbas*, Creative-Commons-Lizenzen: Recht und Praxis in MR 2017, 231, 6; Creative Commons, About CC Licenses, abrufbar unter: https://creativecommons.org/about/cclicenses/ (Stand: 12.05.2023).

arbeitungen nicht erlaubt sind. Download und Weiterleitung ist zwar erlaubt, jedoch nur unter Nennung der Autoren:innen.[186]

Daneben gibt es zudem die Möglichkeit, auf seine Verwertungsrechte mittels CCo (auch »voluntary Public Domain«) zu verzichten bzw. bewusst aufzugeben, sofern dies gesetzlich möglich ist. Hinsichtlich der unverzichtbaren Urheberrechte (zB Inanspruchnahme der Urheberschaft § 19 UrhG) handelt es sich um einen Verzicht auf die Durchsetzung der Ansprüche.[187]

Abbildung 14 – CCO, Quelle: www.creativecommons.org

Neben den CC-Lizenzen gibt es auch zahlreiche andere Standardlizenzen, etwa das Digital Peer Publishing (DiPP)-Modell oder die General Public License (GPL). Je nach Zweck gibt es unterschiedliche Standardlizenzen. Urheber:in, Repositorienbetreiber:innen sowie die Verlage sollten sich an den jeweiligen Lizenzierungsempfehlungen des Forschungsförderers und der Institutionen orientieren. Für wissenschaftliche Werke ist insb das Vervielfältigungs- und Verbreitungsrecht, wie zB das Kopieren der Werke und deren Verbreitung, von Bedeutung. Je nachdem, wie die OA-Forderung und die am Werk einzuräumenden Nutzungsrechte verstanden werden (Minimal- oder Maximalforderung), sind unterschiedliche CC-Lizenzen oder andere Standardlizenzen für Open Access geeignet.[188] Va die CC-BY Lizenz ermöglicht die maximale Verbreitung und Nutzung des lizenzierten Inhalts, sofern der/die Urheber:in des Originals genannt wird. Möchte ein/e Autor:in eine Publikation über einen Verlag Open Access zur Verfügung stellen, ist es nicht unüblich, dass Verlage gewisse CC-Lizenzen (zB CC-BY-NC

---

186 *Ciresa*, Praxishandbuch Urheberrecht, 180; *Borbas*, Creative-Commons-Lizenzen: Recht und Praxis in MR 2017, 231, 6.

187 *Ciresa*, Praxishandbuch Urheberrecht, 179; *Weitzmann*, Die Lizenzen von Creative Commons in der Praxis, 69; Creative Commons, About CC Licenses, abrufbar unter: https://creativecommons.org/about/cclicenses/ (Stand: 12.05.2023).

188 *Welter/Di Rosa*, Lizenzierungsformen in *Kuhlen/Semar/Strauch* (Hrsg), Grundlagen der praktischen Information und Dokumentation, 6. Auflage, 2013, 463; *Mantz* in *Spindler*, Rechtliche Rahmenbedingungen von OA, 59.

oder CC-BY-NC-ND) bevorzugen oder vorauswählen.[189]

II. Grundrechte

Das Ziel verfassungsgesetzlich gewährleisteter Rechte (Grundrechte im subjektiven Sinn) ist es, den Einzelnen einen Freiheitsraum gegenüber Eingriffen des Staates zu sichern.[190] Die Grundrechte binden unmittelbar die gesamte öffentliche Gewalt (Bund, Länder, Gemeinden); jede Entität, die über Hoheitsgewalt verfügt, gilt als Grundrechtsverpflichteter (so zB auch die Universität).[191] Mit der Befugnis, Hoheitsakte (Gesetze, Verordnungen, Bescheide, schlicht-hoheitliches Verwaltungshandeln) zu setzen, geht automatisch eine Grundrechtsverpflichtung einher, dies gilt auch für privatrechtliche Handlungsformen (Fiskalgeltung).[192] Der Staat ist als Träger von Privatrechten („Fiskus") an die Grundrechte gebunden, wenn er in privatrechtförmiger Weise typische öffentliche Aufgaben besorgt.[193] Eine Grundrechtsbindung lässt sich ebenso anhand des Kriteriums der Ingerenz herleiten, wonach eine Einrichtung von einer anderen Einrichtung unter beherrschendem Einfluss steht, welche grundrechtsverpflichtet ist.[194]

Die Schutzwirkung von Grundrechten gilt nicht nur gegen Einrichtungen mit Hoheitsgewalt, sondern es wird auch eine mittelbare Drittwirkung zwischen den Rechtspositionen der Privaten bejaht (zB das Grundrecht auf Datenschutz verpflichtet auch Private).[195] Dennoch hat der Staat sicherzustellen, dass die Grundrechtspositionen der Bürger gegenüber Grundrechtsstörungen durch andere geschützt werden (Interessenabwägung). Auf diese Weise wirken die Grundrechte auch

---

189 Vgl laut Elsevier Journal Publishing Agreement ist das »Accepted Manuscript« mit einer CC-BY-NC-ND Lizenz zu versehen, S. 3, abrufbar unter: https://www.elsevier.com/__data/assets/pdf_file/0006/1189797/JPAupdatedApril2021.pdf (Stand: 12.05.2023).

190 *Öhlinger/Eberhard*, Verfassungsrecht, 11. Auflage, 2016, Rn 692.

191 *Dopplinger*, Staatlichkeit und Grundrechte, in *Fuchs/Merli/Pöschl/Sturn/Wiederin/Wimmer* (Hrsg), Staatliche Aufgaben, private Akteure, Band 3: Neuvermessung einer Grenze, 2019, 79–82.

192 *Dopplinger* in *Fuchs/Merli/Pöschl/Sturn/Wiederin/Wimmer*, 82–84.

193 *Öhlinger/Eberhard*, Verfassungsrecht, Rn 737.

194 *Dopplinger* in *Fuchs/Merli/Pöschl/Sturn/Wiederin/Wimmer*, 91–97.

195 *Öhlinger/Eberhard*, Verfassungsrecht, Rn 703, 741; *Dopplinger* in *Fuchs/Merli/Pöschl/Sturn/Wiederin/Wimmer*, 78.

auf das Verhältnis von Privaten untereinander, ohne dass sie selbst zu Grundrechtsverpflichteten werden.[196] Eingriffe sind staatliche Akte, welche die grundrechtlich geschützte Sphäre des Grundrechtsträgers in belastender oder einschränkender Weise berühren.[197]

Möchte also eine Universität, eine Fachhochschule oder ein Forschungsförderer eine Open-Access-Pflicht vorsehen, so hat die Entität idR als Grundrechtsverpflichtete die verfassungsrechtlich gewährleisteten subjektiven Rechte zu beachten. Die Open-Access-Forderung kann, je nach Ausgestaltung und Strategie, einen Eingriff in folgende Grundrechte der/des Autors:in darstellen:

- Eigentum (Art 5 StGG, Art 1 1. ZP-EMR, Art 17 GRC)
- Wissenschaftsfreiheit (Art 17 StGG, Art 13 GRC)
- Datenschutz (DSGVO, § 1 DSG 2000),

Für den Fall eines Grundrechtseingriffs hat der österreichische VfGH den Verhältnismäßigkeitsgrundsatz als Schranke des einfachen Gesetzgebers entwickelt. Dieser Grundsatz sieht folgende Prüfungsschritte bei Eingriffen vor: Liegt ein öffentliches Interesse vor? Ist das Mittel zur Erreichung des Zwecks geeignet? Ist das Mittel zur Erreichung des Zwecks erforderlich (iSd schonendsten Mittels)? Ist der Eingriff unter Berücksichtigung des öffentlichen Interesses angemessen (adäquat)?[198]

Ein Eingriff in ein Grundrecht kann somit gerechtfertigt sein, wenn er auf Grundlage eines legitimen Zwecks erfolgt und die Mittel zum Eingriff geeignet und am wenigsten intensiv sind. Für eine detaillierte Grundrechtsprüfung sind verschiedene Methodiken und grundrechtliche Schranken zu berücksichtigen (formeller/materieller/kein Gesetzesvorbehalt, Verfahrensgrundrechte, Gleichheitssatz).[199] Die OA-Forderung kommt auch mit dem Gleichheitssatz nach Art 7 B-VG in Berührung (zB divergierende Förderbestimmungen, Einschränkungen innerhalb von § 37a UrhG etc.), wird jedoch im Rahmen dieser Arbeit nicht näher geprüft.[200] In diesem Kapitel werden die oben genannten

196 *Öhlinger/Eberhard*, Verfassungsrecht, Rn 742; *Dopplinger* in *Fuchs/Merli/Pöschl/Sturn/Wiederin/Wimmer*, 95.

197 *Öhlinger/Eberhard*, Verfassungsrecht, Rn 707

198 *Öhlinger/Eberhard*, Verfassungsrecht, Rn 707–720, 878.

199 *Staudegger* in ALJ 1/2018, 14.

200 Vgl *Fehling*, Verfassungskonforme Ausgestaltung von DFG-Förderbedingungen zur Open-Access-Publikation, in Ordnung der Wissenschaft, 4. Auflage aus 2014, 179–214.

Grundrechte in ihren Grundzügen erläutert und wie diese von der OA-Forderung betroffen sein können.

A. Eigentum

Eigentumsschutz ist neben Art 5 StGG und Art 1.1. ZP-EMRK auch im Unionsrecht unter Art 17 GRC vorzufinden. Dabei handelt es sich um ein »Jedermannsrecht«, womit natürliche und juristische Personen Rechtsträger dieses Grundrechts sind. Das Grundrecht auf Eigentum gestattet dem/der Grundrechtsträger:in ein Abwehrrecht gegen die Hoheitsgewalt.[201] Der Schutzbereich des Eigentums bezieht sich auf alle vermögenswerten Privatrechte. Für den Eigentumsbegriff des Art 5 StGG (Art 1.1. ZP-EMRK) ist ein Vermögenswert eines Rechts bzw. einer Rechtsposition erforderlich. Neben dem Eigentum an körperlichen Sachen sind auch Immaterialgüterrechte (insb urheberrechtliche Ansprüche) geschützt.[202] Urheberrechtliche Verwertungsrechte der Autoren:innen nach §§ 14–18a UrhG bzw. all jene, um Forschungsergebnisse auch zu verwerten, fallen somit ebenso in den Schutzbereich dieses Grundrechtes.[203]

Die verfassungsgesetzliche Eigentumsgarantie schützt auch die **Privatautonomie**, im Besonderen das Recht zum Abschluss privatrechtlicher Verträge. Somit kann eine hoheitliche Maßnahme, die einen privatrechtlichen Vertrag unmittelbar verändert, einen Eingriff in das Eigentumsrecht der Vertragsparteien darstellen.[204] Wenn ein wissenschaftliches Werk va unter Einsatz von Standardlizenzverträgen im Wege des Open Access verbreitet werden soll, so kann diese Aufforderung einen Eingriff in die Privatautonomie der Urheber:innen darstellen.

Art 1 1. ZP-EMRK unterscheidet zwischen **mehreren Arten des Eigentumseingriffs**: die Eigentumsentziehung iSv Enteignungen, Regelungen der Benützung des Eigentums und sonstige Eingriffe. Für die Open-Access-Forderung ist insb der Eigentumseingriff in Form von **Nutzungsbeschränkungen** iSd Art 1 1. Abs 2 ZP-EMRK wesentlich. Danach sind

201 *Öhlinger/Eberhard*, Verfassungsrecht, Rn 867–869; *Ziniel* in *Holoubek/Lienbacher*, GRC-Kommentar² Art 17, Rn 8,13 (Stand 1.4.2019, rdb.at),

202 *Öhlinger/Eberhard*, Verfassungsrecht, Rn 867–869.

203 *Götting/Lauber-Ronsberg*, Open Access und Urheberrecht, in Ordnung der Wissenschaft, 3 Auflage aus 2015, 140–141

204 *Öhlinger/Eberhard*, Verfassungsrecht, Rn 868.

hoheitliche Maßnahmen, die einen bestimmten Gebrauch des Eigentums ge- oder verbieten, gemeint.[205] Entspringt eine Nutzungssempfehlung/-verpflichtung der Feder eines Grundrechtsverpflichteten, so kann dies ein Eigentumseingriff in Form von Nutzungsbeschränkungen sein. Der EuGH fasst die Voraussetzungen für zulässige Nutzungsbeschränkungen insoweit zusammen, dass das Eigentumsrecht nicht schrankenlos und sein Schutz bedingungslos gewährleistet werden muss, sondern man auf seine gesellschaftliche Funktion abzustellen hat.[206]

Liegt ein Eingriff in das Grundrecht auf Eigentum vor, so bedarf es einer Rechtfertigung. Damit ein Eingriff keine Verletzung des Grundrechts darstellt, bedarf es zur Bejahung der Rechtfertigung eines Allgemeininteresses und eine Verhältnismäßigkeit des Eingriffs.[207] Bei der Beurteilung des öffentlichen Interesses kommt dem Staat ein großer Beurteilungsspielraum zu, wobei der VfGH sich auf eine Vertretbarkeitskontrolle beschränkt. Dabei kann auch die Verfolgung von wirtschafts- und sozialpolitischen Zielen ein öffentliches Interesse darstellen, sofern innerhalb der Schranken der Verfassung ein rechtspolitischer Gestaltungsspielraum gestattet wird. Die Zweckmäßigkeit der von der Gesetzgebung verfolgten Ziele hat der VfGH nicht zu beurteilen, lediglich wenn die verfolgten Ziele keinesfalls im öffentlichen Interesse liegen.[208] In der Open-Access-Bewegung wird zur Begründung des öffentlichen Interesses der freie Zugang zu wissenschaftlicher Information und Forschung als Grundlage für den wissenschaftlichen Fortschritt und das Wohlergehen der Bevölkerung von den Befürwortern der OA-Forderung angeführt. Ob die Mittel zur Erreichung des Zwecks geeignet, erforderlich und angemessen sind, ist anhand des konkreten Eingriffs zu beurteilen. Im Ergebnis muss bei einem Eingriff in das Grundrecht auf Eigentum stets ein ausgewogenes Gleichgewicht zwischen den Erfordernissen des Allgemeininteresses der Gemeinschaft und dem Schutz des Einzelnen vorliegen und der Eingriff darf nicht unverhältnismäßig sein.[209]

---

205 *Öhlinger/Eberhard*, Verfassungsrecht, Rn 868.

206 EuGH 29.07.2019, C-476/17, *Pelham*, Rn 33; *Ziniel* in *Holoubek/Lienbacher*, Art 17 GRC, Rn 50,

207 *Öhlinger/Eberhard*, Verfassungsrecht, Rz 878.

208 Vfslg 12.094/1984, *Öhlinger/Eberhard*, Verfassungsrecht, Rz 716.

209 *Öhlinger/Eberhard*, Verfassungsrecht, Rz 878.

B. Wissenschaftsfreiheit

Die Open-Access-Forderung kommt zwangsläufig mit dem Grundrecht der Wissenschaftsfreiheit (Art 17 StGG, Art 13 GRC) in Berührung. In Art 17 Abs 1 StGG heißt es: »Die Wissenschaft und ihre Lehre ist frei«. Art 13 GRC besagt, dass die Kunst und Forschung frei sind und die akademische Freiheit geachtet wird. Das Grundrecht der Wissenschaftsfreiheit leitet sich nach den Erläuterungen der GRC aus der Gedankenfreiheit nach Art 9 EMRK und der Meinungsfreiheit nach Art 10 EMRK ab. Der sachliche Schutzbereich des Art 10 EMRK schützt ua die wissenschaftliche (Meinungs-)Äußerung, Vorträge oder Publikationen. Die wissenschaftliche Forschung ist durch Art 10 EMRK geschützt, sofern ein Kommunikationsvorgang (zB Äußerung für die Lehre) vorliegt.[210]

Der Begriff der Wissenschaft ist nach dem StGG nach formalen und nicht nach inhaltlichen Kriterien zu bestimmen. In der Lehre versteht man unter Wissenschaft »jede geistige Tätigkeit, die nach Form, Inhalt und Ziel einen ernsthaften Versuch darstellt, in methodischer, systematischer und nachprüfbarer Weise neue Erkenntnisse zu gewinnen«.[211] Die Freiheit der Wissenschaft nach Art 17 StGG, Art 13 GRC lässt sich in die Freiheit der Forschung und die Freiheit der Lehre teilen.[212]

Für den VfGH ist die »Forschung« das »Aufsuchen neuer Erkenntnisse oder die Festigung älterer Erkenntnisse auf einem bestimmten Wissensgebiet«.[213] Die wissenschaftliche Forschung ist somit das Streben nach Erkenntnis, welches auf rational nachprüfbaren Aussagen über ein bestimmtes Forschungsobjekt gerichtet ist. Ob ein Erkenntnisversuch auch »wissenschaftlich« ist und die Wahrheitssuche erfolgreich war, ist in hohem Maße von der »scientific community« abhängig. Vom Begriff der Wissenschaft ausgeschlossen sind Aussagen, welche diesen Objektivitätsansprüchen nicht genügen, aber unter die Meinungsfrei-

---

210 *Kröll* in *Holoubek/Lienbacher*, GRC-Kommentar[2] Art 13 Rz 2–4 (Stand 1.4.2019, rdb.at); *Pösc*hl, Von der Forschungsethik zum Forschungsrecht: Wie viel Regulierung verträgt die Forschungsfreiheit? in *Körtner/Kopetzki/Druml* (Hrsg), Ethik und Recht in der Humanforschung, Band 5, 2010, 127; *Storr*, Der digitalisierte Forscher in Austrian Law Journal, 2 Auflage, 2017, 92.

211 *Pösc*hl in *Körtner/Kopetzki/Druml*, 114

212 *Kröll* in *Holoubek/Lienbacher*, Art 13 GRC, Rn 6; *Muzak*, Bundes-Verfassiungsrecht B-VG, 6. Auflage, 2020, Art 17 StGG, Rn 2, (Stand 1.10.2020, rdb.at).

213 VfSlg 3191/1957f

heit fallen können.[214] Die Freiheit der wissenschaftlichen Lehre (in Art 13 GRC auch »akademische Freiheit«) ist die Freiheit, wissenschaftliche Lehrsätze, Lehrmeinungen und Forschungsergebnisse zu verkünden und zu veröffentlichen.[215] Die Freiheit der Wissenschaft und ihrer Lehre beginnt bei der Wahl des Forschungsgegenstandes, der zu behandelnden Fragen und der Forschungsmethode, geht über die Entwicklung von Theorien und Bewertungen anderer Forschungsleistungen bis zur Aufzeichnung und Veröffentlichung bzw. Verbreitung von Forschungsergebnissen in selbstgewählter Form und Vertreten wissenschaftlicher Lehrmeinungen.[216]

Überlegenswert ist auch eine dogmatische Fortbildung des sachlichen Schutzbereichs des Grundrechts hinsichtlich eines Zugangs zur IT-Kommunikationsinfrastruktur. Wissenschaft erfolgt mittlerweile nur noch mit digitaler Infrastruktur, sowohl der Zugriff auf Daten als auch eine Verbreitung sind davon abhängig. Ohne eine entsprechende IT-Infrastruktur ist man vom Wissenschaftsbetrieb ausgeschlossen und von den Möglichkeiten der Datengewinnung und Wissensverbreitung abgeschnitten. Das Grundrecht soll ein Teilhaberecht gewähren, jedoch nicht derart, dass einzelne Forscher:innen einen grundrechtlichen Anspruch auf sämtliche wissenschaftliche Datenbanken haben. Die Bereitstellung ausreichender Ressourcen betrifft eine grundrechtsdogmatisch restriktiv zu beurteilende Teilhabekonstellation. Insbesondere wenn die Universitäten die zentralen wissenschaftlichen Einrichtungen in der Wissensgesellschaft sind, werden sie grundlegende Verpflichtungen zur Bereitstellung einer ausreichenden IT-Kommunikationsinfrastruktur haben. Diese dogmatische Fortbildung lässt sich auf den Internationalen Pakt über wirtschaftliche, soziale und kulturelle Rechte stützen (siehe auch 3. Kapitel), wonach man ein Teilhaberecht an den Errungenschaften des wissenschaftlichen Fortschritts und seiner Anwendung hat.[217]

Der persönliche Schutzbereich, der in Art 17 StGG, Art 13 GRC normierten Rechte umfasst nicht nur den Lehrbeauftragten einer Uni-

---

214 *Kröll* in *Holoubek/Lienbacher*, Rn 10–11; *Muzak*, B-VG, Art 17 StGG, Rn 2; *Pöschl* in *Körtner/Kopetzki/Druml*, 114–115; *Storr* in ALJ 2/2017, 89.

215 *Muzak*, B-VG, Art 17 StGG, Rz 2.

216 *Pöschl* in *Körtner/Kopetzki/Druml*, 116

217 *Storr* in ALJ 2/2017, 93–94.

versität, sondern erfasst alle natürlichen Personen.[218] Jede Person, die Wissenschaft (wie oben beschrieben) eigenständig betreibt oder lehrt, unabhängig davon, ob an einer öffentlichen oder privaten Universität oder Einrichtung, ist geschützt. Sie beschränkt sich somit nicht nur auf den Kreis der Universitätslehrer, sondern schützt auch Studierende sowie andere Personen, die im Rahmen eines Dienstverhältnisses oder Forschungsauftrages (Industrie- oder Auftragsforschung) wissenschaftlich arbeiten.[219] Die grundrechtliche Schutzwirkung gilt auch für Diplom-, Master- und Doktorarbeiten.[220] Daraus lässt sich aber kein Anspruch ableiten, als Forscher oder Lehrer bestellt oder angestellt zu werden. Ebenso lässt sich daraus nicht die negative Freiheit ableiten, nicht forschen oder lehren zu müssen. Es schützt den Universitätsangehörigen nicht von seiner dienstlichen Pflicht, Wissenschaft zu betreiben und zu unterrichten.[221] Juristische Personen können nicht eigenständig wissenschaftlich forschen oder lehren und sind nicht vom Schutzbereich umfasst.[222]

Eine Überschneidung der positiven Schutzpflicht des Gesetzgebers hinsichtlich der Grundrechte gibt es mit Grundrechten, die eine institutionelle Garantie darstellen. Im UOG-Erkenntnis 1975 hat der VfGH Art 17 StGG eng ausgelegt und als bloßes Abwehrrecht gegen den Staat interpretiert und Art 17 StGG überhaupt keinen institutionellen Gehalt eingeräumt. Art 17 Abs 1 StGG gestattet aber eine Universitätsorganisationen, die eine intentionale Beschränkung von Forschung und Lehre durch den Staat ausschließt. Eine institutionelle Garantie öffentlicher Universitäten als autonome, selbstverwaltungsähnliche Einrichtungen findet sich in Art 81c B-VG. Durch diese Regelung wird der Wissenschaftsfreiheit eine institutionell garantierte freie Universität zur Seite gestellt.[223] Nicht die Freiheit der Institution und ihrer Organe gegenüber dem Staat soll geschützt sein, sondern die individuelle Freiheit

---

218 *Öhlinger/Eberhard*, Verfassungsrecht, Rn 923.

219 *Kröll* in *Holoubek/Lienbacher*, Art 13 GRC, Rn 13–16; *Pöschl* in *Körtner/Kopetzki/Druml* (Hrsg), 117

220 *Novak*, Veröffentlichungspflicht und Aufgriffsrecht im Lichte der Wissenschaftsfreiheit, in Ordnung der Wissenschaft, 2. Auflage aus 2017, 110

221 *Pöschl* in *Körtner/Kopetzki/Druml*, 116

222 *Kröll* in *Holoubek/Lienbacher*, Art 13 GRC, Rn 15–16.

223 Vfslg 8136/1977; Vfslg 19.786/2013; *Öhlinger/Eberhard*, Verfassungsrecht, Rn 699; *Muzak*, B-VG, Art 17 StGG, Rn 6–7;

der an den Institutionen tätigen Personen, die in der Forschung und Lehre frei sein sollen.[224] Dieser institutionelle Gehalt verpflichtet den Gesetzgeber, die Universitäten wissenschaftsadäquat auszustatten, d. h. so zu organisieren, dass die in Art 17 StGG garantierten Rechte auch wahrgenommen werden können und die Wissenschaftler:innen in ihrer Forschung und Lehre nicht fremdbestimmt werden.[225] Die Freiheit der Wissenschaft ist somit va in den hochschulrechtlichen Gesetzen wie dem Universitäts- oder Fachhochschulengesetz zu berücksichtigen. Die Bedeutung der Wissenschaftsfreiheit liegt in der Schnittstelle zwischen freier Wissenschaft und gesetzlich geregelter Universitätsorganisation.[226] Universitäten haben bei der Gestaltung der Universitätsorganisation und des Dienstrechts der Lehrbeauftragten so vorzugehen, dass die Wissenschaftsfreiheit der Universitätsprofessoren nicht beeinträchtigt wird. Art 17 StGG bindet neben dem Bundesgesetzgeber auch die satzungsgebenden Organe der Universität. Dies gilt auch für Privatuniversitäten, denn auch hier muss die Forschungs- und Lehrfreiheit gewährleistet sein.[227]

Wie bereits oben erwähnt, ist das Recht der Verbreitung der eigenen Forschungsergebnisse vom Grundrecht der Wissenschaftsfreiheit (Art 17 StGG, Art 13 GRC) umfasst. Das bedeutet, dass die Autoren:innen selbst das Publikationsmedium wählen dürfen und auch über das Internet ihr Werk disseminieren können. Der Schutz des Art 17 StGG setzt erst bei einer qualifizierten Beeinträchtigung ein, also bei Eingriffen in die Forschungsfreiheit. Ein eindeutiger Eingriff liegt vor, wenn ein durch Art 17 StGG frei erklärtes Verhalten verboten, geboten oder an ein solches Verhalten Nachteile geknüpft werden. Eine Verpflichtung, Forschungsergebnisse publizieren zu müssen, nicht zu publizieren, abgeändert zu publizieren oder zurückzuziehen, kann somit einen Grundrechtseingriff mit sich ziehen.[228]

Schwieriger zu beurteilen ist die Eingriffsqualität, wenn eine Maßnahme kein bestimmtes Verhalten vorsieht, sondern die Forscher »nur«

---

224 *Gamper*, Wissenschaftsfreiheit: Entwicklung und Herausforderung in Zeiten des Postfaktizismus in zfhr, 4/2018, 117.

225 *Pöschl* in *Körtner/Kopetzki/Druml*, 116.

226 *Muzak*, B-VG[6], Art 17 StGG, Rn 1.

227 *Öhlinger/Eberhard*, Verfassungsrecht, Rn 924.

228 *Novak* in OdW 2 (2017), 109; *Storr* in ALJ 2/2017, 93; *Pöschl* in *Körtner/Kopetzki/Druml*, 120.

faktisch oder mittelbar beeinträchtigt. Somit kann auch das Entziehen von Ressourcen als Mittel zur inhaltlichen Steuerung der Forschung einen Eingriff in die Wissenschaftsfreiheit darstellen.[229] Bei »Regeln guter wissenschaftlicher Praxis« kann ebenso ein Eingriff vorliegen, hängt jedoch von der normativen Kraft der Ausgestaltung dieser Regelung ab. Soweit diese im Einklang mit dem Grundrecht stehen und nur konkretisieren, was ein »wissenschaftliches« Verhalten ist (wie zB Verbot von Datenfälschung, keine Verletzung des geistigen Eigentums anderer, Verbot der Sabotage fremder Forschung), liegt kein Eingriff vor.[230] Eine Satzungsänderung auf einer Universität, um Open-Access-Pflichten vorzusehen, kann daher ein Eingriff in das Grundrecht der Wissenschaftsfreiheit begründen (dazu später mehr im 3. Kapitel).

Eine Weisung eines Organs einer Universität bezüglich Publikationspflichten kann einen Eingriff in Art 17 StGG darstellen. Der VwGH hat bereits unter Berufung auf Art 17 StGG eine Verpflichtung zur Veröffentlichung konkreter einzelner wissenschaftlicher Arbeiten auf Grundlage des BDG verneint.[231] Eine generelle Publikationspflicht kann dagegen zulässig sein.[232] In der Rechtssache VwGH 2011/12/0172 war der Ausgangspunkt die Frage, ob die Dienstpflichten eines Universitätsprofessors auch einen Dienstauftrag beinhalten, ein Plagiat einzugestehen und diese Entschuldigung zu veröffentlichen. Die Medizinische Universität Wien hat im Jahre 2001 im Rahmen ihrer Diensthoheit (auf Grundlage von § 43 BDG 1979) mittels Beschlusses einen wissenschaftsethischen Grundsatz der »Good Scientific Practice« geschaffen, welcher als generelle Weisung zu gelten hatte. Sämtliche Universitätslehrer:innen seien zur Einhaltung dieser Richtlinien bei der Verrichtung ihrer besonderen Dienstpflichten verpflichtet, welche ua auch eine Verpflichtung zur Veröffentlichung von wissenschaftlichen Arbeiten vorsah. Der VwGH stellte fest, dass die Weisung in die Rechtssphäre der Universitätslehrer:innen greift (insb Art 10 EMRK, Art 17 StGG). Keine Bestimmung des BDG 1979 bietet eine ausreichende Grundlage für eine Dienstpflicht eines Universitätslehrers, einer Veröffentlichungspflicht nachkommen zu müssen. Die Weisung sei mangels Deckung in den Dienstpflichten des

229 *Novak* in OdW 2 (2017), 109; *Pöschl* in *Körtner/Kopetzki/Druml*, 121–122
230 *Pöschl* in *Körtner/Kopetzki/Druml*, 122.
231 VwGH 27. 6. 2012, 2011/12/0172, VwSlg 18449 A/2012; *Muzak*, B-VG[6], Art 17 StGG, Rn 6; *Pöschl* in *Körtner/Kopetzki/Druml*, 121.
232 *Muzak*, B-VG[6], Art 17 StGG, Rn 6.

Universitätsprofessors rechtswidrig. In den Bestimmungen des BDG (insb § 155 und 165) sind zwar allgemeine sowie besondere dienstliche Aufgaben festgelegt, die von Universitätslehrer:innen zu besorgen sind, jedoch wird damit den Universitätsprofessoren:innen auch eine Forschungsverpflichtung aufgetragen, wobei sie als Träger:in des Grundrechts der Wissenschaftsfreiheit weitgehend von Weisungen freigestellt sind. Aus den durch Gesetz normierten Dienstpflichten kann keine Verpflichtung zur Veröffentlichung von wissenschaftlichen Arbeiten abgeleitet werden, sondern soll die Entscheidung, ob Forschungsarbeiten der Öffentlichkeit zugänglich gemacht werden oder nicht, der Universitätsprofessorin vorbehalten bleiben.[233] Der VwGH nimmt damit aber nicht an, dass Universitätsprofessorinnen keine Forschungsleistung zu erbringen haben, sondern dass ihre Forschungsleistungen nicht unbedingt auf Grundlage des BDG publiziert werden müssen, womit dahingehend eine negative Wissenschaftsfreiheit vorliegt.[234] Es ist dennoch üblich, dass Veröffentlichungspflichten von Universitätsprofessoren in Dienstverträgen vorgesehen werden. Auf einfachgesetzlicher Ebene spricht § 97 Abs 1 UG und somit die Übertragung der Verantwortung für die Forschung und Lehre der Universitätsprofessoren:innen für eine Publikationsverpflichtung (dazu später mehr, siehe 3. Kapitel).[235]

Bei der Wissenschaftsfreiheit handelt es sich um ein Grundrecht ohne Gesetzesvorbehalt, das bedeutet aber nicht, dass dieses Grundrecht schrankenlos ist.[236] Intentionale Eingriffe des Gesetzgebers in die Wissenschaftsfreiheit, gegen jede/n, die/der forscht oder lehrt, sind unzulässig. Somit sind Beschränkungen, die sich spezifisch gegen die Forschungs- oder Lehrfreiheit richten (wie zB Genehmigungspflichten für bestimmte Forschungsvorhaben oder Lehrveranstaltungen), nicht gestattet. Grundrechte ohne Gesetzesvorbehalt dürfen jedoch innerhalb der Schranken der allgemeinen Gesetze ausgeübt werden (»immanente Grundrechtsschranken«).[237] Die Wissenschaftsfreiheit kann zB in ua urheber-, patent-, dienst- oder arbeitsrechtlichen Beschränkungen ihre Grenze finden, sofern diese Grenzen nicht gerade für die Forscher:in-

233 VwGH 27. 6. 2012, 2011/12/0172, VwSlg 18449 A/2012.

234 *Gamper*, Wissenschaftsfreiheit, 123.

235 Vgl *Muzak*, B-VG[6], Art 17 StGG, Rn 6.

236 *Öhlinger/Eberhard*, Verfassungsrecht, Rn 925.

237 VfSlg 13.978, *Muzak*, B-VG[6], Art 17 StGG, Rn 5; *Öhlinger/Eberhard*, Verfassungsrecht, Rn 925.

nen bzw. dessen Forschungstätigkeit errichtet worden sind. Derartige Beschränkungen sind nach hA zulässig, sofern sie zur Erreichung eines öffentlichen Interesses geeignet, erforderlich und verhältnismäßig sind. Der Art 17 StGG verbietet allgemein, zumindest nach der Judikatur, dass kein Gesetz erlassen werden darf, welche die Freiheit der Wissenschaft und ihrer Lehre beeinträchtigt.[238] Forschungsspezifische Sondergesetze, als intentionale Eingriffe, sind aber nicht absolut verboten, sondern können aus systematischen Gründen erlaubt sein, wenn sie durch Grundrechte oder andere im Verfassungsrang geschützte Rechtsgüter geboten sind, wie zB zum Schutz des Lebens (Art 2 EMRK) oder körperlichen Integrität (Art 8 EMRK).[239] Die Wissenschaftsfreiheit kann auch Eingriffe in die Rechte Dritter rechtfertigen und eine Bindungswirkung für Private entfalten (mittelbare Drittwirkung). Dafür bedarf es aber einer gesetzlichen Grundlage, wie zB dem Urheberrechtsgesetz, wobei die Gerichte einander widersprechende Rechtsgüter abzuwägen haben.[240]

Eingriffe in das Grundrecht der Wissenschaftsfreiheit (wie zB zur Durchsetzung von Open Access) können daher gerechtfertigt sein, wenn Eingriffe auf einer ausreichenden Form basieren und verhältnismäßig sind. Die meisten Eingriffe von Grundrechtsträgern wie zB von Universitäten scheitern an einem Formmangel, also fehlenden oder nicht ausreichenden rechtlichen Grundlagen. Zu einer inhaltlichen Auseinandersetzung, aus welchen Gründen die Forschung reguliert werden darf (wie zB Open-Access-Pflicht), kommt man in der Praxis selten, da der Gesetzgeber meist davor zurückschreckt, klar zu sagen, was er beschränken möchte.[241]

C. Datenschutz

Die Open-Access-Forderung ist auch im Hinblick auf das Grundrecht auf Datenschutz zu betrachten. Gegenstand dieses Kapitels ist jedoch nicht der Schutz personenbezogener Daten der Wissenschaftlerinnen, welche zB durch Datentracking von Wissenschaftsverlagen in ihrem

238 VfSlg 3565/1959; *Pöschl* in *Körtner/Kopetzki/Druml*, 129–130.

239 *Pöschl* in *Körtner/Kopetzki/Druml*, 128–130.

240 *Öhlinger/Eberhard*, Verfassungsrecht, Rn 926; *Pöschl* in *Körtner/Kopetzki/Druml*, 118–119.

241 *Pöschl*, in *Körtner/Kopetzki/Druml*, 135.

Grundrecht verletzt sein könnten.[242] Vielmehr setzt sich dieses Kapitel mit den Privilegien der Verarbeitung von personenbezogenen Daten zu wissenschaftlichen Zwecken in der Forschung auseinander.

Die Verarbeitung personenbezogener Daten im Rahmen der Wissenschaft kann häufig eine Herausforderung im Hinblick auf die allgemeinen datenschutzrechtlichen Vorgaben darstellen. Dabei ist insb der Zweckbindungsgrundsatz und der damit korrespondierende Transparenzgrundsatz zu beachten, wonach betroffene Personen über den Zweck der Datenverarbeitung in ua präziser, transparenter und verständlicher Weise informiert sein müssen. Der Verantwortliche von Daten (wie zB eine Universität) muss den Zweck der Datenverarbeitung vorab festlegen. Dies kann sich bei Forschungsdaten etwas schwierig gestalten, da die endgültige Datennutzung in der Forschung nicht immer von vornherein feststeht.[243] Art 6 Abs 4 DSGVO durchbricht diesen Grundsatz, wonach eine Weiterverarbeitung von personenbezogenen Daten zu anderen Zwecken zulässig ist (sekundäre Nachnutzung). In Art 5 Abs 1 lit b ist eine Weiterverarbeitung von Daten für ua wissenschaftliche oder historische Forschungszwecke zulässig.[244] Auch sensible Daten nach Art 9 Abs 1 DSGVO können aufgrund wissenschaftlicher Forschungszwecke nach Abs 2 lit j verarbeitet werden. Als Beispiel dienen medizinische Forschungsdaten. Patientendaten werden idR von Ärzten und nicht direkt von der Forschungseinrichtung erhoben, dennoch in der Praxis häufig sekundär für ein Forschungsprojekt genutzt.[245]

Die Einhaltung der datenschutzrechtlichen Bestimmungen ist außerdem bei der Gewinnung großer Datensätze (Big-Data-Analysen) wie zB durch TDM zu beachten. Big-Data-Nutzungen sind Verarbeitungen großer, unstrukturierter Datenmengen, welche aus unterschiedlichen Quellen und Datenmengen aggregiert wurden. Da Big-Data-Analysen umfangreiche Datenbestände aufweisen, können diese ua für die

---

242 Siehe Deutsche Forschungsgemeinschaft, Ausschuss für Wissenschaftliche Bibliotheken und Informationssysteme (2021): Datentracking in der Wissenschaft: Aggregation und Verwendung bzw. Verkauf von Nutzungsdaten durch Wissenschaftsverlage, abrufbar unter: https://www.dfg.de/download/pdf/foerderung/programme/lis/datentracking_papier_de.pdf (Stand: 12.05.2023).

243 *Jahnel/Pallwein*, Datenschutzrecht, 3. Überarbeitete und aktualisierte Auflage, 33–34; *Kreutzer/Lahmann*, Rechtsfragen bei Open Science, 74.

244 *Jahnel/Pallwein*, Datenschutzrecht, 33–34.

245 *Kreutzer/Lahmann*, Rechtsfragen bei Open Science , 74.

wissenschaftliche Forschung durchaus ein großes Potential darstellen. Auch hier kann der Grundsatz der Zweckbindung und die Rechtmäßigkeit der Verarbeitung problematisch sein, da bei Big Data einzelne personenbezogene Daten zusammengeführt werden könnten. So kann eine erste Erhebung der Daten zB auf einer Einwilligung nach Art 6 Abs 1 lit a beruhen, diese jedoch für eine zweite Erhebung im Zweifel nicht herangezogen werden. Da der Zweck der Big-Data-Nutzung auch ein anderer ist, nämlich neue Erkenntnisse aus vorhandenen Daten zu ziehen, ändert sich auch der Zweck der Datenverarbeitung.[246]

Der Gesetzgeber hat erkannt, dass für die Verarbeitung personenbezogener Daten für wissenschaftliche Zwecke ein öffentliches Interesse besteht. Dementsprechend findet sich das **Wissenschaftsprivileg** in Art 5 Abs 1 lit b (Ausnahme vom Grundsatz der Zweckbindung), lit e (Ausnahme der Speicherbegrenzung), Art 9 Abs 2 lit j (Ausnahme vom Verarbeitungsverbot sensibler Daten), Art 14 Abs 5 lit b (Ausnahme der Informationspflicht), Art 17 Abs 3 lit d (Ausnahme vom Recht auf Löschung) sowie Art 21 Ab 6 DSGVO (Ausnahme vom Widerspruchsrecht). Art 5 Abs 1 lit b gestattet eine Weiterverarbeitung für wissenschaftliche Zwecke, das bedeutet, es muss keine neue Einwilligung eingeholt werden, um personenbezogene Daten für wissenschaftliche Zwecke weiter nutzen zu können.[247] Natürlich wäre der einfachere Weg für die Forschung wohl immer die Anonymisierung der personenbezogenen Daten, um sicherzustellen, gegen keine datenschutzrechtlichen Bestimmungen zu verstoßen – doch entspricht eine vollständige Anonymisierung nicht immer dem Forschungszweck (zB Nutzung von nicht nur rein statistischer Daten) und ist bei Big-Data-Anwendungen schwer umzusetzen.[248]

Mit Art 89 Abs 1 und Abs 2 hat die EU auch Öffnungsklauseln für nationale Gesetzgeber geschaffen, wonach weitere Privilegien für wissenschaftliche Zwecke möglich sind. Umgesetzt wurde dies in Österreich in § 7 DSG (Verarbeitung von Daten für wissenschaftliche Forschungszwecke) sowie dem Forschungsorganisationsgesetz (FOG).[249] Nach § 7 DSG darf die Verarbeitungen von Daten für wissenschaftliche For-

246 *Kreutzer/Lahmann*, Rechtsfragen bei Open Science, 75–76.

247 *Jahnel/Pallwein*, Datenschutzrecht, 179–181; *Kreutzer/Lahmann*, Rechtsfragen bei Open Science, 77.

248 *Kreutzer/Lahmann*, Rechtsfragen bei Open Science, 81–82.

249 *Jahnel/Pallwein*, Datenschutzrecht, 181–184; *Kreutzer/Lahmann*, Rechtsfragen bei Open Science, 77.

schungszwecke erfolgen, wenn die Daten entweder öffentlich zugänglich sind, der Verantwortliche die Daten für andere Untersuchungen oder auch andere Zwecke zulässigerweise ermittelt hat oder es sich für ihn um pseudonymisierte personenbezogene Daten handelt und der/die Verantwortliche die Identität der betroffenen Personen mit rechtlich zulässigen Mitteln nicht bestimmen kann.[250] Mit dem Forschungsorganisationsgesetz wurde eine lex specialis zu § 7 DSG geschaffen. Das FOG regelt die leitenden Grundsätze für die Förderung von Wissenschaft und Forschung durch den Bund sowie Rahmenbedingungen und Erleichterungen zur Verarbeitung von personenbezogenen Daten für wissenschaftliche Forschungszwecke (wie zB die Bestimmungen des §2d Abs 2 oder Abs 3 FOG).[251]

Zwar bilden all die oben genannten Möglichkeiten eine Grundlage zur Verarbeitung personenbezogener Daten für Forschungszwecke, jedoch folgt daraus noch nicht, dass diese Daten auch iSv Open Access genutzt und veröffentlicht werden dürfen. Da Open Access va umfassende Nutzungs- und Nachnutzungsrechte einräumen soll, bedarf es einer Rechtfertigung der Verarbeitung nach der DSGVO. Bei einer Einwilligung nach Art 6 Abs 1 lit a DSGVO ist zu beachten, dass die Einwilligungserklärung sorgfältig und ausreichend klar den Umfang der Nutzung und Nachnutzung iSv Open Access ausdrücklich klarstellt. Liegt keine Rechtfertigung nach Art 6 DSGVO oder ein sonstiger Erlaubnistatbestand vor, dann dürfen personenbezogene Daten wohl nur in sehr eng begrenzten Fällen veröffentlicht werden, wie zB zur Darstellung von Forschungsergebnissen, wobei die personenbezogenen Daten weitgehend unverständlich oder nutzlos gemacht werden sollten. Als Alternative gilt das Anonymisieren der personenbezogenen Daten, bevor sie veröffentlicht werden.[252]

---

250 *Jahnel/Pallwein*, Datenschutzrecht, 183.
251 *Jahnel/Pallwein*, Datenschutzrecht, 184.
252 *Kreutzer/Lahmann*, Rechtsfragen bei Open Science, 82–83, 90.

3. Kapitel: Veröffentlichungspflicht von öffentlich finanzierten wissenschaftlichen Werken?

Während zu Beginn die Geschichte und das Konzept von OA näher dargestellt wurde, lag der Fokus des zweiten Kapitels auf den rechtlichen (urheber- und grundrechtlichen) Rahmenbedingungen von Open Access. Diese Kapitel bilden somit die Grundlage für den letzten Teil dieser Arbeit, der Analyse einer Veröffentlichungspflicht von öffentlich finanzierten wissenschaftlichen Werken.

I. Veröffentlichungspflicht?

Um sowohl der Öffentlichkeit als auch der Wissenschaftsgemeinschaft ein Forschungsergebnis näherzubringen, bedarf es einer Veröffentlichung. Das wissenschaftliche Werk, als Verpackung der Forschungsergebnisse, muss veröffentlicht werden, um Interessierten einen Zugang zu den Forschungsergebnissen schaffen zu können. Unter **Veröffentlichungspflicht** ist gemeint, dass Urheber:innen die **Pflicht auferlegt wird, ihr Werk**, durch aktives Tun oder Unterlassen, **der Öffentlichkeit zugänglich zu machen**. Es ist vorab festzuhalten, dass das Veröffentlichen eines Werkes **nicht zwangsläufig** bedeutet, dass es auch frei, unbeschränkt und kostenlos iSd **Open Access** zur Verfügung steht. Ein vermeintlicher Open-Access-Zwang würde neben einer Veröffentlichungspflicht zudem das Einräumen von Nutzungsrechten iSd OA vorsehen. Das Veröffentlichen selbst knüpft einen Schritt vor der Einräumung von diversen Nutzungsrechten an. Es beschreibt das »Verlassen« eines Forschungsergebnisses aus der Geheimnissphäre bzw. persönlichen Sphäre der Autoren:innen.[253]

253 Vgl *Schmidt*, Hochschulrechtliche Veröffentlichungpflichten, 29–33; *Schuhmacher* in *Kucsko/Handig*, Urheber.recht², § 8 UrhG, Rn 8 (Stand 1.4.2017, rdb.at).

A. Veröffentlichung iSd UrhG

Zum Schutz der geistigen Interessen der Urheber:innen und zur Wahrung der Verbundenheit des Werkes mit seinem/r Schöpfer:in, umfasst das Urheberrecht neben den vermögenswerten Verwertungs- und Persönlichkeitsrechten das Recht der Entscheidung, ob ein Werk überhaupt veröffentlicht werden soll. Das Recht der ersten Mitteilung des Inhaltes eines Werkes ist dem/r Urheber:in vorbehalten. Da ein ausschließliches Veröffentlichungsrecht mit anderen Werknutzungsrechten in Konflikt stehen könnte, wurde es in den einzelnen Verwertungsrechten mitberücksichtigt.[254]

Nach **§ 8 UrhG** ist ein Werk veröffentlicht, sobald es mit Einwilligung des Berechtigten, idR die Urheber:innen, der Öffentlichkeit zugänglich gemacht wird. Unter der »Öffentlichkeit« versteht man das »breite Publikum« bzw die Allgemeinheit, wobei sich der Begriff nicht mit jenem der öffentlichen Wiedergabe nach § 18 UrhG deckt.[255] Beim **Begriff der Öffentlichkeit ist stets der Normzweck der Vorschrift**, die an die Veröffentlichung anknüpft, zu beachten. Erscheint es angesichts der Art der Mitteilung und des Kreises der Personen, für die es bestimmt ist, angemessen, dass der Inhalt eines Werkes von nun an insb zitiert und in der Öffentlichkeit beschrieben werden kann, so ist das Öffentlichkeitserfordernis erfüllt. Dafür wird idR zahlenmäßig ein (unspezifisches) breites Publikum erforderlich sein.[256] Es ist davon auszugehen, dass ein Werk der Öffentlichkeit zugänglich gemacht wurde, wenn es aus der persönlichen Sphäre der Urheber:innen herausgetreten ist und mit deren Einwilligung seinen Weg zur Allgemeinheit angetreten hat.[257] Selbst das Ausrichten auf kleinere Kreise, wie es bei wissenschaftlichen Publikationen häufig der Fall ist, kann ausreichend sein. Dasselbe gilt, wenn Forschungsinhalte auf einem Fachkongress vorgetragen werden und die Inhalte öffentlich zugänglich sind. Vorlesungsinhalte oder Se-

---

254 *Staudegger* in ALJ 1/20183

255 *Ciresa,* Praxishandbuch Urheberrecht, 92; *Dokalik/Zemann*, Urheberrecht[7], § 8 UrhG, E1 (Stand 1.10.2018, rdb.at)

256 OGH 17.06.1986, 4 Ob 309/86; OGH 21.04.1998, 4 Ob 101/98a; *Dokalik/Zemann,* Urheberrecht, E 3; *Schuhmacher* in *Kucsko/Handig*, § 8 UrhG, Rn 8–12; *Bernsteiner* in *Thiele/Burgstaller*, UrhG Urheberrechtsgesetz, 4. Auflage, § 8 UrhG, Rn 5;

257 OGH 17.11.1987, 4 Ob 306/86; *Schuhmacher* in *Kucsko/Handig*,§ 8 UrhG, Rn 8;

minarunterlagen, welche nur einem eingeschränkten Kreis, zB Studierenden im Rahmen einer Veranstaltung, zur Verfügung gestellt werden, gelten nicht als veröffentlicht. Ist der Vorlesungsinhalt hingegen öffentlich zugänglich, gilt es wieder als veröffentlicht, auch wenn es an ein Fachpublikum gerichtet ist.[258] Im Ergebnis muss die Handlung geeignet sein, der Öffentlichkeit die Kenntnisnahme potenziell zu ermöglichen, wobei es auf die tatsächliche Kenntnisnahme nicht ankommt.[259]

Wie und auf welchem technischen Weg (gedruckt oder digital) das Werk der Öffentlichkeit zugänglich gemacht wird, ist unerheblich. Eine Veröffentlichung ist nicht nur erfüllt, wenn zB Vervielfältigungsstücke eines Werkes öffentlich verbreitet werden, aber auch schon, wenn Werke der Literatur öffentlich vorgetragen oder aufgeführt werden. Eine öffentliche »Wahrnehmbarmachung« ist ausreichend. Der Akt der Veröffentlichung ist einmalig, nicht wiederholbar und ein zeitpunktoriientiertes Ereignis.[260] Erfolgt die Veröffentlichung ausschließlich in digitaler Form (»elektronisches Publizieren«), gilt das erstmalige Einspeichern in der Datenbank als ausreichend, sofern der Zugriff nicht nur einem abgegrenzten Personenkreis gestattet wird. Somit gilt ein Werk auch als veröffentlicht, wenn es im Internet öffentlich zur Verfügung gestellt wird.[261]

Mit der Veröffentlichung beginnen die urheberrechtliche Rechtswirkungen. Ab diesem Zeitpunkt werden die Verwertungsrechte der Urheber:innen zudem durch freie Werknutzungen zugunsten überwiegender Interessen der Allgemeinheit beschränkt.[262] Wenn die Veröffentlichung ohne Zustimmung der Berechtigten (Träger:in des Verwertungs- oder Werknutzungsrechts) erfolgt, so gilt das Werk als nicht veröffentlicht und entfaltet auch keine urheberrechtliche Rechtswirkung.[263] Als recht-

258 *Schuhmacher* in *Kucsko/Handig*,§ 8 UrhG, Rn 10; *Bernsteiner* in *Thiele/Burgstaller*, § 8 UrhG, Rn 5/1–8

259 *Schuhmacher* in *Kucsko/Handig*, § 8 UrhG, Rn 10; *Bernsteiner* in *Thiele/Burgstaller*, § 8 UrhG, Rn 6

260 *Ciresa*, Praxishandbuch Urheberrecht, 92–93. *Schuhmacher* in *Kucsko/Handig*, § 8 UrhG, Rn 4–6; *Bernsteiner* in *Thiele/Burgstaller*, § 8 UrhG, Rn 9

261 *Ciresa*, Praxishandbuch Urheberrecht, 92–93; *Schuhmacher* in *Kucsko/Handig*, § 8 UrhG, Rn 4–6

262 *Ciresa*, Praxishandbuch Urheberrecht , 93; *Bernsteiner* in *Thiele/Burgstaller*, § 8 UrhG, Rn 2;

263 *Ciresa*, Praxishandbuch Urheberrecht, 93, *Schuhmacher* in *Kucsko/Handig*,§ 8 UrhG Rn 13–18

mäßiger Akt der Veröffentlichung gilt zB das Hochladen des Werkes auf der öffentlich abrufbaren Website der Urheber:innen oder auch wenn die Urheber:innen einen Dritten dazu berechtigen. Ein Werk, das widerrechtlich der Öffentlichkeit zugänglich gemacht wurde, gilt nicht als veröffentlicht. Die Frage ist, ob in solchen Fällen sämtliche freie Werknutzungen unzulässig sind/waren, da diese tatbestandsmäßig nur an veröffentlichten Werken bestehen. Freie Werknutzungsrechte werden nicht primär als Rechtsposition der Nutzer:innen angesehen. Diese sind, wie oben bereits erläutert, als Beschränkung der Ausschließlichkeitsrechte zu verstehen, deshalb ist es dogmatisch vertretbar, einem etwa im guten Glauben gesetzten Zitat Vorrang ggü dem Ausschließlichkeitsrecht der Urheber:innen einzuräumen und einen Eingriff in deren Rechte zu verneinen.[264]

Der europäische Gesetzgeber sieht keine einheitliche Definition für die Veröffentlichung eines Werkes oder dessen Erscheinen iSd § 9 UrhG vor. In der Terminologie der internationalen Konventionen (zB RBÜ) entspricht der Begriff des Veröffentlichens (»publication«) eines Werkes inhaltlich jenem des Erscheinens nach § 9 UrhG und ist bei der Auslegung zu beachten.[265]

Das »**Erscheinen« ist eine qualifizierte Form der Veröffentlichung**, welches ebenso ein einmaliges, nicht wiederholbares Ereignis ist. Jedes Erscheinen ist gleichzeitig eine Veröffentlichung, aber nicht jede Veröffentlichung ist auch ein Erscheinen. Nach § 9 Abs 1 UrhG ist ein Werk erschienen, sobald es mit der Einwilligung der Berechtigten der Öffentlichkeit dadurch zugänglich gemacht worden ist, dass Werkstücke in genügender Anzahl feilgehalten oder in Verkehr gebracht worden sind.[266] Durch das Erscheinen wird das Werk an die Öffentlichkeit entlassen, womit die Urheber:innen auch eine Verselbstständigung in Kauf nehmen.[267] In Verkehr gebracht gilt ein Werk, wenn es einem anderen eine tatsächliche oder rechtliche Verfügungsmacht über das Werkstück

---

264 *Bernsteiner* in *Thiele/Burgstaller,* § 8 UrhG, Rn 14, 18/1.

265 *Schuhmacher* in *Kucsko/Handig,* § 8 UrhG, Rn 2, *Bernsteiner* in *Thiele/Burgstaller,* § 8 UrhG, Rn 1.

266 *Ciresa,* Praxishandbuch Urheberrecht, 93–94; *Bernsteiner* in *Thiele/Burgstaller,* UrhG Urheberrechtsgesetz, 4. Auflage, § 9, RNn13; *Dillenz* in *Strasser,* 109; *Heinzl* in *Kucsko/Handig,* Urheber.recht², § 9 UrhG, RN 5–6 (Stand 1.4.2017, rdb.at).

267 *Heinzl* in *Kucsko/Handig,* § 9 UrhG, Rn 5–8 .

überlässt. Feilhalten ist das öffentliche Anbieten von Werken, die zur Abgabe bereitgehalten werden.[268] Vorausgesetzt wird, dass das Werk in physischer Form (das Urstück oder auch Vervielfältigungen inkl. Datenträger) in genügender Anzahl feilgehalten, also angeboten, oder in Verkehr gebracht wird. **Digitale Werke sind nicht umfasst und gelten somit iSd UrhG nicht als erschienen.** Elektronische Bücher oder Zeitschriften können nach dieser Bestimmung nur erscheinen, wenn sie in körperlicher Form verbreitet worden sind, also zB auf einer CD oder einem anderen Datenträger (digitale Werkkopie). Auch öffentliche Vorträge, welche durchaus eine Veröffentlichung eines Werkes bewirken, gelten nicht als erschienen iSd § 9 UrhG.[269]

In der Lehre wurde diskutiert, **ob mittels Downloads oder Print on Demand** im Internet zur Verfügung stehende Werke als »**erschienen**« galten, da es diesen an einer Körperlichkeit fehlt. Werke, die über das Internet verbreitet werden, sind nach *Walter* als erschienen anzusehen, sofern diese ausreichend dauerhaft zur Verfügung gestellt werden und man diese Werke herunterladen kann.[270] *Ciresa* vertrat die Ansicht, dass das »Internet« eine planwidrige Gesetzlücke im UrhG bewirkt, womit eine Analogie des »Erscheinens« auch auf Werke, die über das Internet elektronisch »verbreitet« werden, zulässig und geboten ist. Das Veröffentlichen im Internet ist auch nach *Kucsko* dem Erscheinen physischer Werke gleichzuhalten, denn mit der Zurverfügungstellung wird zum Ausdruck gebracht, dass das Werk der Allgemeinheit angeboten wird. Das Werk wird aus dem persönlichen Bereich der Urheber:innen entlassen, es kommt zur Verselbstständigung der Werke und ein größeres Publikum wird erreicht. Eine Differenzierung wäre nicht sachgemäß.[271] Der Gesetzgeber hat sich diesen Meinungen jedoch nicht angeschlossen. Mit ua **§ 42f Abs 3 UrhG** wurde **explizit** geregelt, dass für die Zwecke der Zitierfreiheit **ein im Internet veröffentlichtes Werk** einem iSd **§ 9 UrhG erschienenen Werk entspricht.** Damit bringt der Gesetzgeber punktuell zum Ausdruck, dass eine Zurverfügungstellung im Allgemeinen für ein Erscheinen iSd § 9 UrhG nicht ausreichend ist. Es wird weiterhin auf den körperlichen Werkbegriff abgestellt, weshalb reine In-

268 *Ciresa,* Praxishandbuch Urheberrecht, 94.

269 *Ciresa,* Praxishandbuch Urheberrecht, 93–94; *Heinzl* in *Kucsko/Handig,* Rn 6.

270 *Heinzl* in *Kucsko/Handig,* § 9 UrhG Rn 16–19; *Bernsteiner* in *Thiele/Burgstaller,* § 9 UrhG, Rn 11–12.

271 *Heinzl* in *Kucsko/Handig,* § 9 UrhG, Rn 16–19.

ternet-Publikationen nicht als erschienen gelten.[272] Wissenschaftliche Werke, welche ausschließlich im Internet zur Verfügung gestellt werden, können somit »veröffentlicht« iSd § 8 UrhG sein, jedoch nicht nach § 9 UrhG erscheinen. Die Unterscheidung ist ua für die Zulässigkeit freier Werknutzungsrechte, für die Zweitverwertung sowie die Rechtsstellung der Urheber:innen bedeutsam (Vermutung der Urheberschaft nach § 12 UrhG).[273]

Das Urheberrecht regelt das allgemeine Veröffentlichungsrecht der Urheber:innen, um ein Werk einer breiten Öffentlichkeit zugänglich zu machen, zwingt jedoch die Urheber:innen nicht, das Werk tatsächlich veröffentlichen zu müssen.

B. Zweitverwertungspflicht statt Zweitverwertungsrecht?

Mit der Urheberrechts-Novelle 2015 fand Open Access (in Form des »grünen Weges«) auch explizit einen Platz im österreichischen Urheberrechtsgesetz. Urheber:innen wissenschaftlicher Beiträge wird ein Zweitverwertungsrecht nach **§ 37a UrhG** ermöglicht (die Vorbildbestimmung § 38 Abs 4d UrhG ist seit dem 1. 1. 2014 in Kraft). »Zur Förderung von Zweitveröffentlichungen im Weg des Open Access soll für wissenschaftliche Urheber ein Zweitverwertungsrecht für Ergebnisse hauptsächlich öffentlich-finanzierter Forschung eingeführt werden.«[274]

§ 37a UrhG lautet: »Der Urheber eines wissenschaftlichen Beitrags, der von diesem als Angehörigem des wissenschaftlichen Personals einer mindestens zur Hälfte mit öffentlichen Mitteln finanzierten Forschungseinrichtung geschaffen wurde **und** in einer periodisch mindestens zweimal jährlich erscheinenden Sammlung erschienen ist, **hat** auch dann, wenn er dem Verleger oder Herausgeber ein Werknutzungsrecht eingeräumt hat, **das Recht**, den **Beitrag** nach Ablauf von zwölf Monaten seit der Erstveröffentlichung in der akzeptierten Manuskriptversion **öffentlich zugänglich zu machen**, soweit dies keinem gewerblichen Zweck dient. Die Quelle der Erstveröffentlichung ist anzugeben. Eine zum Nachteil des Urhebers abweichende Vereinbarung ist unwirksam.«

272 *Bernsteiner* in *Thiele/Burgstaller*, § 9 UrhG, Rn 12; *Heinzl* in *Kucsko/Handig*, § 9 UrhG Rn 18.

273 *Bernsteiner* in *Thiele/Burgstaller*, §9 UrhG, Rn 15–17;

274 ErläutRV 132/ME 25. GP Erläut, 2,4; *Appl* in *Kucsko/Handig*, urheber.recht^2, § 37a UrhG, Rn 7.

Das Zweitverwertungsrecht soll verhindern, dass überwiegend mit öffentlichen Geldern geförderte Ergebnisse wissenschaftlicher Forschung ein zweites Mal durch entsprechende Vergütungen für die Wissenschaftsverlage durch die öffentliche Hand bezahlt werden müssen.[275] Da die öffentliche Hand zur Wertschöpfungskette beiträgt und die Ergebnisse der Allgemeinheit zur Verfügung stehen sollen, kann man öffentlich finanzierte wissenschaftliche Forschungsergebnisse auch als Gemeingut bezeichnen.[276] Urheber:innen soll es erlaubt sein, ihre in periodischen Sammlungen publizierten (überwiegend mit öffentlichen Mitteln finanzierten) wissenschaftlichen Beiträge **nach einer Embargofrist Open Access** zugänglich zu machen.[277] Das Zweitverwertungsrecht stärkt die Stellung wissenschaftlicher Urheber:innen, weil diese Interesse daran haben, ihr Werk einem breiteren Publikum zugänglich zu machen. Die grundrechtlich geschützte Position der Wissenschaftlerin wird auf urhebervertraglicher Ebene ebenfalls gewahrt.[278] § 37a UrhG soll Urheber:innen eine Rechtssicherheit geben, damit diese ihre veröffentlichten Forschungsergebnisse über OA einer breiteren Öffentlichkeit zur Verfügung stellen können, ohne dies mit dem Verlag noch abklären zu müssen.[279] **§ 37a gestattet dem/der Urheber:in ein Zweitverwertungsrecht, daraus folgt aber noch keine Pflicht zur Zweitverwertung.**[280]

Das Zweitverwertungsrecht nach § 37a UrhG ist kein freies Werknutzungsrecht iSd Art 5 InfoRL sondern eine vertragsrechtliche Norm. Es regelt die Rechte der Urheber:innen zulasten der Verleger oder Herausgeber.[281] **Berechtigt nach § 37a UrhG** sind **Urheber:innen** nach dem Schöpferprinzip, also natürliche Personen, die den wissenschaftlichen Beitrag geschaffen haben, sowie deren Erben. Universitäten, Fachhochschulen, Forschungseinrichtungen oder andere Verwerter (zB

275 ErläutRV 132/ME 25. GP Erläut, 4.

276 *Sandberger* in OdW 2 (2017), 77.

277 *Homar* in *Thiele/Burgstaller*, UrhG Urheberrechtsgesetz, 4. Auflage, § 37a UrhG, S. 605.

278 ErläutRV 132/ME 25. GP Erläut, 2, 4; *Appl* in *Kucsko/Handig*, § 37a UrhG, Rn 7.

279 ErläutRV 132/ME 25. GP Erläut, 2, 4; *Appl* in *Kucsko/Handig*, § 37a UrhG, Rn 7; *Homar*, in *Thiele/Burgstaller*, § 37a UrhG, Rn 2.

280 *Homar* in *Thiele/Burgstaller*, § 37a UrhG, Rn 40; Vgl *Fehling* in OdW 4 (2014), 180.

281 *Appl* in *Kucsko/Handig*,§ 37a UrhG, Rn 2; *Homar* in *Thiele/Burgstaller*, §37a UrhG Rn 1.

Open-Access-Plattformen oder Verlage) haben kein originäres Recht, können aber in den Genuss der Zweitverwertung kommen und derivativ das Recht erhalten.[282] Der persönliche Anwendungsbereich von § 37a UrhG beschränkt sich auf »**überwiegend öffentlich finanzierte Forschungseinrichtungen.**« Es geht somit nicht explizit um ein öffentlich finanziertes Werk, sondern um die öffentlich finanzierte Forschungseinrichtung (darin liegt auch der Unterschied zur deutschen Bestimmung) und erst in Folge um die hier entstandenen wissenschaftlichen Werke. Ob ein Werk tatsächlich mit öffentlichen Geldern finanziert wird, ist nicht entscheidend, sondern dass die Forschungseinrichtung überwiegend öffentliche Mittel erhält. Forschungseinrichtungen sind Einrichtungen mit staatlich verordneten oder privatautonom bestimmten Forschungsaufträgen, wie zB Universitäten, Fachhochschulen, Pädagogische Hochschulen sowie andere außeruniversitäre Forschungseinrichtungen, etwa die Österreichische Akademie der Wissenschaften oder das Institute of Science and Technology – Austria. Öffentliche Mittel sind sämtliche Mittel aus dem Haushalt der EU, des Bundes, der Länder, Gemeinden sowie Drittmittel. Mindestens 50 Prozent der Gesamtkosten für den Betrieb der Forschungseinrichtung (inkl. Personalkosten) müssen aus öffentlicher Hand gedeckt sein. Auf die Widmung der Mittel kommt es nicht an und sie ist unerheblich, solange sie der Finanzierung der Einrichtung dient. Die Finanzierung bezieht sich auf die gesamte Einrichtung, nicht nur auf die jeweiligen Forschungsgruppen. Somit können auch Beiträge von privat finanzierten Auftragsforschungen von § 37a UrhG betroffen sein.[283]

Eine weitere Voraussetzung ist, dass die Urheber:innen **dem wissenschaftlichen Personal** einer privilegierten Forschungseinrichtung **angehören** müssen. § 37a stellt ausdrücklich auf das »wissenschaftliche Personal« ab. Erfasst sind Dienstnehmer:innen sowie Beamte:innen einer Forschungsstätte, deren Aufgabengebiet in der Entfaltung einer wissenschaftlichen Tätigkeit liegt. Die Zurechnung richtet sich nach der Art der Tätigkeit, die zur Werkschöpfung geführt hat. Es bedarf eines gewissen inneren Zusammenhangs zwischen dem wissenschaftlichen Beitrag und der beruflichen Tätigkeit an der Forschungseinrichtung. Dieser ist gegeben, wenn der Beitrag im institutionellen Rahmen der

282 *Homar* in *Thiele/Burgstaller*, §37a Urhg, Rn 4.

283 *Appl* in *Kucsko/Handig*, §37a UrhG, Rn 8, 20–23; *Homar* in *Thiele/Burgstaller*, § 37a UrhG, Rn 6–9.

Forschungseinrichtung entsteht. Das geschieht insb durch Nutzung der Forschungsressourcen (zB Bibliothek und Datenbanken) und in der Dienstzeit. Studierende, allgemeines Personal, Privatdozenten:innen sowie emeritierte Universitätsprofessor:innen gelten nicht (bzw. nicht mehr) zum wissenschaftlichen Personal und sind somit von § 37a UrhG nicht erfasst.[284]

Die **Voraussetzungen** (öffentlich finanzierte Forschungseinrichtung und wissenschaftliches Personal) müssen **im Zeitraum des Verfassens** des Beitrags vorliegen. Während der Ausübung des Zweitverwertungsrecht ist das Vorliegen der Voraussetzungen unerheblich.[285] Bei einer Miturheberschaft zumindest einer privilegierten Person kann die Zweitverwertung nur durch diese erfolgen. Bei einer strengen Auslegung ist bei einer Miturheberschaft (§ 11 UrhG) zwischen einer nach § 37a UrhG privilegierten Person und einem Angehörigen, der nicht einer privilegierten Forschungseinrichtung angehört, § 37a UrhG nicht anzuwenden.[286]

Sachlich ist **§ 37a UrhG auf Verträge** anzuwenden, bei denen die Urheber:innen einem **Verlag** oder Herausgeber:in **ausschließliche Werknutzungsrechte** (§ 24 Abs 1 Satz 2 UrhG) einräumen. Erhält der Verlag keine Ausschließlichkeitsrechte, so bedarf es für die Zweitverwertung auch nicht § 37a UrhG.[287] Daneben zielt § 37a UrhG auf urheberrechtlich geschützte wissenschaftliche »**Beiträge**« ab, womit keine urheberrechtliche Schutzfähigkeit des Inhalts vorausgesetzt wird. Ein »Beitrag« ist kein Synonym von »Werk«. Ein Beitrag ist keine bloße Werkeinheit (zB reines Sprachwerk), sondern auch in Form einer Werkverbindung möglich (zB Text mit Fotos). Somit ist ein Beitrag weiter zu verstehen als der Begriff des Werks, welcher eine einheitliche Schöpfung innerhalb einer Werkkategorie ist. Wann ein Werk als »wissenschaftlich« gilt, wurde bereits oben erläutert. Charakteristisch hierfür ist die »methodisch

---

284 *Appl* in *Kucsko/Handig*, §37a UrhG Rn 16, 31–34; *Homar* in *Thiele/Burgstaller*, §37a UrhG, Rn 10–11.

285 *Appl* in *Kucsko/Handig*, §37a UrhG, Rn 17, 22; *Homar* in *Thiele/Burgstaller*, §37a UrhG, Rn 13.

286 *Homar* in *Thiele/Burgstaller*, §37a UrhG, Rn 15; anderer Meinung ist *Appl* in *Kucsko/Handig*, §37a UrhG, Rn 18.

287 *Appl* in *Kucsko/Handig*, §37a UrhG, Rn 25; *Homar* in *Thiele/Burgstaller*, §37a UrhG, Rn 35.

geordnete Erarbeitung von Erkenntnissen«.[288] Dieser wissenschaftliche Beitrag muss in einer Sammlung publiziert sein, die periodisch erscheint. Eine Sammlung kann ein Sammelwerk nach § 6 UrhG sein, muss es aber nicht. Die einzelnen Ausgaben von periodisch erscheinenden Sammlungen müssen jeweils für sich eine Sammlung darstellen und haben zumindest drei Beiträge zu enthalten.[289]

Periodisch ist ein Erscheinen in ständiger und unbegrenzter Folge, die Regelmäßigkeit ist irrelevant. Es müssen aber **mindestens zwei Ausgaben im Jahr** erscheinen, wie zB Fachzeitschriften. Ausgeschlossen sind somit zumeist Monografien, Gesetzeskommentare, Handbücher und Sammelbände. Das Zweitverwertungsrecht gehört zu jenen Bestimmungen des UrhG, welche ein **Erscheinen nach § 9 UrhG** voraussetzen. Da somit ausschließlich digitale Publikationen (zB eJournals) ausscheiden, bedarf es für periodische Sammlungen zumindest der Verbreitung in Print.[290]

Die Zweitverwertung ist »**öffentlich zugänglich zu machen**«. Ein derartiges Verwertungsrecht ist in §§14–18a nicht vorhanden; gemeint ist aber das öffentliche Zurverfügungstellen nach § 18aUrhG.[291] Daher stellt eine Online-Zweitverwertung eines Beitrages im Internet eine zulässige Verwertung dar. Ein Beitrag über Repositorien (ob institutionell oder individuell) sowie über Blogs, soziale Netzwerke oder per E-Mail ist erlaubt. Auch eine Verbreitung iSd § 16 kann darunter erfasst sein, da das UrhG den Begriff der öffentlichen Zugänglichmachung als Überbegriff für eine öffentliche Verwertung verwendet. Open-Access-Nutzungen sind durch § 37a UrhG gedeckt.[292]

Öffentlich zugänglich gemacht werden darf lediglich die **akzeptierte Manuskriptversion**. Wenn die Inhalte der Erst- und Zweitpublikation potenziell voneinander abweichen, würde die Zweitveröffentlichung der Scientific Community kaum nutzen und wegen der drohenden Verwirrung sogar schaden. Da die akzeptierte Manuskriptversion inhaltlich der Erstveröffentlichung am nächsten kommt, be-

288 *Appl* in *Kucsko/Handig*, §37a UrhG, Rn 26, 29; *Homar* in *Thiele/Burgstaller*, §37a UrhG, Rn 17–20.

289 *Handig* in *Kucsko/Handig*, § 36 UrhG, Rn 5–6.

290 *Appl* in *Kucsko/Handig*, §37a UrhG, Rn 35–36; *Homar* in *Thiele/Burgstaller*, §37a UrhG, Rn 21–22.

291 *Homar* in *Thiele/Burgstaller*, §37a UrhG, Rn 23.

292 *Homar* in *Thiele/Burgstaller*, §37a UrhG, Rn 41–44.

zieht sich § 37a UrhG darauf. Das ist idR weder die Rohversion, die an den Verlag übermittelt wird, noch die Endfassung des Beitrags (inkl. Verlagslayout), sondern liegt dazwischen. Erfasst ist eine Version, die im Zuge des Annahme- und Korrekturprozesses (zB Peer-Review) sich ergebende Änderungen beinhalten kann. Nach strengem Verständnis wäre das wohl eine finale Entwurfsversion, aber noch nicht die Endfassung. Diese Abweichung kann va bei der Ausübung des Zitierrechts zu Irritationen führen.[293]

Für weitaus mehr Diskussion sorgt die im Zweitverwertungsrecht vorgesehene **Karenz/Embargo/Sperrfrist von 12 Monaten**. Damit sollen auch die wirtschaftlichen Interessen des Verlages geschützt werden. Es wird auf den Zeitpunkt der Erstveröffentlichung abgestellt. Wenn die Urheber:innen ihre Werke als Pre-Print-Version oder als Manuskript online bereitstellen (zB auf einem Repositorium), so kann der Zeitpunkt der Erstveröffentlichung auch vor dem Zeitpunkt des Erscheinens nach § 9 UrhG liegen. Da aber die Sperrfrist als Schutz der wirtschaftlichen Interessen des Verlages (zur Amortisation der verlegerischen Investitionen) zu verstehen ist, gilt auch für die fristauslösende Erstveröffentlichung das Erscheinen nach § 9 UrhG. Während in manchen Geisteswissenschaften wissenschaftliche Arbeiten viele Jahre unverändert aktuell bleiben können, kann in den MINT-Fächer (Mathematik, Informatik, Naturwissenschaften und Technik) eine Information nach sechs Monaten bereits veraltet sein.[294]

Die Zweitverwertung ist nicht auf eine einmalige Handlung begrenzt, sondern es ist auch das parallele Zugänglichmachen auf mehreren Repositorien, Websites etc gestattet.[295] Auch die **Quelle der Erstveröffentlichung** ist bei der Zweitverwertung **stets anzugeben.**[296]

Eine Zweitverwertung zu gewerblichen Zwecken ist nicht gestattet; eine Erzielung mittelbarer oder unmittelbarer wirtschaftlicher Vorteile ist untersagt. Denn der **Zweck der Zweitverwertung ist eben die Verhinderung einer neuerlichen Zahlung für öffentlich finanzierte Forschungsergebnisse** (bzw. Forschungsergebnisse von Urheber:innen auf

---

293 *Appl* in *Kucsko/Handig*, §37a UrhG, Rn 38–40; *Homar* in *Thiele/Burgstaller*, §37a UrhG, Rn 24; *Fehling* in OdW 4 (2014), 180.

294 *Appl* in *Kucsko/Handig*, §37a UrhG, Rn 7, 41–44; *Homar* in *Thiele/Burgstaller*, §37a UrhG. Rn 27; *Fehling* in OdW 4 (2014), 180.

295 *Homar* in *Thiele/Burgstaller*, §37a UrhG, Rn 45.

296 *Appl* in *Kucsko/Handig*, §37a UrhG, Rn 45–49.

öffentlich finanzierten Forschungseinrichtungen). Unzulässig wäre es aber nicht, wenn ein Online-Repositorium Werbeeinnahmen erzielt, ohne dass die Urheber:innen daran beteiligt sind, und das Werk dennoch kostenlos zugänglich ist. Gesetzliche Vergütungsanspruche (wie zB Speichermedienvergütung nach §42b) sind zulässig.[297]

Eine **Vereinbarung, welche das Zweitverwertungsrecht ausschließt** oder zulasten der Urheber:innen einschränkt, ist nach Abs 3 **unwirksam**. Das Zweitverwertungsrecht ist relativ zwingend. Eine Sperrfrist, welche über 12 Monate hinausgeht, wäre somit unzulässig. Vereinbarungen zum Vorteil der Urheber:innen, wie zB eine Verkürzung der Sperrfrist oder die Nutzung des Beitrags im Vertragslayout, sind zulässig. Unzulässig und nachteilig sind hingegen Einschränkungen des Zweitverwertungsrechts, wenn diese dem wirtschaftlichen Interesse der Urheber:innen dienen, wie zB Verzicht auf die Zweitverwertung gegen ein Entgelt des Verlages.[298]

Da § 37a UrhG eine vertragliche Bestimmung ist, kommt sie **nur zur Anwendung**, wenn der **Vertrag dem österreichischen Recht** unterliegt. Bei Verträgen mit ausländischen Verlagen lässt sich die Geltung des § 37a UrhG, sofern keine dementsprechende Rechts- bzw. Gerichtstandvereinbarung abgeschlossen wurde, nur erzielen, wenn die Bestimmung als eine Eingriffsnorm iSd Art 9 Rom-I-VO qualifiziert werden kann. Dazu bedarf es einer entscheidenden Bedeutung für die Wahrung des öffentlichen Interesses der Zweitveröffentlichung, was mit dem Zweck der Zugangsgewährung zu öffentlich finanzierten Forschungsergebnissen durchaus begründbar ist. Dennoch gilt es als unwahrscheinlich, dass zB ein US-Gericht das Zweitverwertungsrecht nach § 37a UrhG beachten würde, denn die Rom-I-VO fände keine Anwendung, sondern das US-amerikanische IPR. Es ist aber nicht auszuschließen, dass US-Gerichte in ihrer Bewertung die öffentlichen Interessen einer Zweitveröffentlichung berücksichtigen, da auch die USA verstärkt OA-Strategien verfolgen möchte (siehe oben, OA-Strategien in den USA).[299]

---

297 *Homar* in *Thiele/Burgstaller*, §37a UrhG, Rn 28–31, 33.

298 *Appl* in *Kucsko/Handig*, §37a UrhG, Rn 1; *Homar* in *Thiele/Burgstaller*, §37a UrhG, Rn 36–39; Vgl unterschiedliche Sperrfristen von Elsevier B.V., abrufbar unter: https://www.elsevier.com/open-access/journal-embargo-finder/journal-embargo-finder-results?meta_t=&meta_s=&meta_i=&meta_w=&embargo=true&start_rank=1&fmo=1&meta_w_not=n.a. (Stand: 12.05.2023).

299 *Homar* in *Thiele/Burgstaller*, §37a UrhG, Rn 55; *Fehling* in OdW 4 (2014), 186.

Aus dem Motiv des historischen Gesetzgebers (Entlastung des Etats der Einrichtungen, Verhinderung einer doppelten Bezahlung) lässt sich für die Auslegung nicht viel gewinnen, da der Anwendungsbereich sehr eingeschränkt und ungeeignet für die Zielsetzung ist.[300] Zwar wurden die Rahmenbedingungen eines fakultativen Zweitveröffentlichungsrechts (ausschließlich abhängig vom Verlag) durch ein obligatorisches Zweitveröffentlichungsrecht ersetzt, dennoch ist der Anwendungsbereich eingeschränkt, und der Gesetzgeber ist auf halbem Weg stehengeblieben.[301] Eine Pflicht lässt sich aus dieser Bestimmung nicht ableiten. Zur Verfolgung der Ziele scheint es effektiver, das Zweitverwertungsrecht der jeweiligen Forschungsstätte und nicht bloß den/der Urhebern:innen zuzuweisen. Denn so bleibt das Zweitverwertungsrecht weiterhin der Entscheidung der Urheber:innen überlassen. Eine originäre Zuweisung des Zweitveröffentlichungsrechts an die Forschungsstätte steht auch § 106 UG 2002 nicht entgegen.[302] Mit den Einschränkungen ist dem Allgemeininteresse einer wissensbasierten Gesellschaft nicht ausreichend gedient, denn letztlich besteht das Interesse am Zugang zu den Erkenntnissen, unabhängig davon, ob es sich um eine privat oder öffentlich finanzierte Forschungseinrichtung handelt.[303] Dem Informationsinteresse wäre auch am ehesten gedient, wenn die Zweitpublikation ident mit der Erstpublikation (also auch inkl. Verlags-Layouts) wäre.[304] Daneben gibt es noch Wertungswidersprüche, denn während sich Angehörige des wissenschaftlichen Personals selbst bei geringstem Beschäftigungsausmaß auf § 37a UrhG berufen können, ist dies für Studierende oder Emeriti nicht möglich.[305]

Überlegenswert wäre es, ähnlich wie dies in Deutschland der Fall ist, das Zweitveröffentlichungsrecht für Hochschulmitglieder zugunsten von **Open Access in hochschul-, dienst- und arbeitsrechtlichen Regelungen zwingend einzuführen**. Zwingende Open-Access-Bestimmungen für öffentlich geförderte Forschung finden sich **bereits in den Bewilligungsbestimmungen** und Förderverträgen der **Forschungsförderorganisationen** (siehe unten). Diese werden jedoch kritisiert und

300 *Appl* in *Kucsko/Handig*, §37a UrhG, Rn 11.
301 *Sandberger* in OdW 2 (2017), 78.
302 *Appl* in *Kucsko/Handig*, §37a UrhG, Rn 11.
303 *Appl* in *Kucsko/Handig*, §37a UrhG, Rn 23.
304 *Fehling* in OdW 4 (2014), 180.
305 *Appl* in *Kucsko/Handig*, §37a UrhG Rn 23.

stehen in einem Spannungsverhältnis mit den Grundrechten. Zweitveröffentlichungsverpflichtungen greifen meist direkt in die Wissenschaftsfreiheit der Urheber:innen ein und bedürfen einer Rechtfertigung. Zwar hat die/der Autor:in weiterhin das Erstveröffentlichungsrecht, jedoch kann aber ein obligatorisches Zweitverwertungsrecht rückwirkend Einfluss auf die Erstveröffentlichung nehmen (zB Ablehnen der Erstpublikation durch den Verlag, weil dieser dann die obligatorische Zweitverwertung hinnehmen muss).[306]

Eine **Zweitverwertungspflicht** wird im deutschen Bundesland Baden-Württemberg vorgesehen, wonach eine Änderung des Hochschulgesetzes das **wissenschaftliche Personal zu Open-Access-Zweitverwertungen** in Anlehnung an das deutsche Zweitverwertungsrecht nach § 38 Abs 4 UrhG **verpflichtet** (siehe auch unten). Dieser Aufforderung kam die **Universität Konstanz** mit einer Satzungsregelung nach, wogegen mehrere Professoren der Universität einen Normenkontrollantrag vor dem VGH Mannheim gestellt hatten, welcher nun (bzw. noch immer) beim deutschen Bundesverfassungsgericht liegt (siehe 3. Kapitel III).[307]

Die Einführung einer Open-Access-Pflicht ist komplex. Die unterschiedlichen Interessen der beteiligten Akteure sind zu berücksichtigen. Akteure sind neben den Institutionen die einzelnen Forscher:innen und die Verlage. Das Zweitverwertungsrecht ist eine notwendige, aber allein nicht ausreichende Voraussetzung für Open Access. Dabei wäre eine **rechtliche Verankerung von OA-Verpflichtungen wichtig für die Umsetzung, aber kein alleiniger Erfolgsgarant.** Der einfachere und seit Jahren verfolgte Ansatz ist, Open-Access-Publikationen weiterhin nicht durch Zwang zu erreichen, sondern durch Anreize (zB Publikationszuschüsse in Online-Zeitschriften) und Überzeugung, durch vergleichbaren Reputationsgewinn bei OA-Publikationen.[308]

---

306 *Sandberger* in OdW 2 (2017), 79.

307 *Haug*, Open Access in Baden-Württemberg: Rechtswidriger Zweitveröffentlichungszwang zwischen Urheber- und Hochschulrecht, in Ordnung der Wissenschaft, 2. Auflage, 2019, 89–96; *Eisentraut*, Die Digitalisierung von Forschung und Lehre – auf dem Weg in eine »öffentliche« Rechtswissenschaft?, in Ordnung der Wissenschaft, 3. Auflage, 2020, 184.

308 *Sandberger* in OdW 2 (2017), 79–80; *Graf/Haux*, Verpflichtung zu Open Access – universitäres Publizieren der Zukunft?, in sui-generis, 2017, Rn 28.

C. Veröffentlichungspflichten als Förderungsbedingung?

Eine Veröffentlichungspflicht, wonach wissenschaftliche Werke veröffentlicht werden müssen, ist im nationalen Urheberrechtsgesetz prinzipiell nicht vorhanden. Es kommt jedoch häufig vor, dass **Veröffentlichungen oder Nutzungsrechte an veröffentlichten Werken im Rahmen einer Förderung** vorgesehen werden. Drittmittel-Förderungen von Forschungsförderern können durchaus Veröffentlichungsvorgaben hinsichtlich wissenschaftlicher Werke enthalten.

Hauptzweck der Tätigkeiten des wissenschaftlichen Personals ist es, Forschungsergebnisse zu erzielen, wissenschaftliche Theorien zu erarbeiten oder Entdeckungen zu machen.[309] Die Drittmittelforschung gewinnt angesichts der unzureichenden Finanzierung der Hochschulen immer mehr an Bedeutung und ist aus der Forschung und Entwicklung kaum mehr wegzudenken. Va natur- und ingenieurwissenschaftliche Forschungsprojekte können sehr kostspielig sein und nicht immer allein von einer Hochschule finanziert werden. Um bestimmte Forschungsvorhaben durchführen zu können, sind daher Drittmittel erforderlich.[310] 2016 wurden den öffentlichen Universitäten rund 670 Millionen Euro an Drittmitteln für Forschung und Entwicklung zur Verfügung gestellt. Da Fachhochschulen nicht vom Bund basisfinanziert werden, wird auch hier die Forschung primär über Drittmittel finanziert.[311] Im Jahr 2021 haben die öffentlichen Universitäten allein vom Fördergeber FWF rund 178 Millionen Euro für Forschungs- und Entwicklungsprojekte erhalten.[312]

Die **Drittmittelforschung für Universitätsangehörige** wird in **§§ 26 und 27 Abs 1 UG 2002** geregelt. § 26 regelt die Forschungsförderung

309 *Geist*, Immaterialgüterrechtliche Probleme der Drittmittelforschung an österreichischen Universitäten, in *Strasser* (Hrsg.), Organisations-, europa- und immaterialgüterrechtliche Probleme der Universitäten, 127.

310 *Schmidt*, Hochschulrechtliche Veröffentlichungspflichten, 121.

311 Bundesministerium Bildung, Wissenschaft und Forschung, Drittmittelfinanzierung der Hochschulen, abrufbar unter: https://www.bmbwf.gv.at/Themen/HS-Uni/Hochschulsystem/Drittmittel.html (Stand: 12.05.2023).

312 Bundesministerium Bildung, Wissenschaft und Forschung, Statistisches Taschenbuch – Hochschulen und Forschung 2022, 110, abrufbar unter: https://unidata.gv.at/Publikationen/Berichtswesen%20BMBWF/Statistisches%20Taschenbuch/Statistisches%20Taschenbuch%202022%20(interaktiv).pdf (Stand: 12.05.2023).

und Auftragsforschung (»Ad-personam-Projekte«). Demnach sind Angehörige des ua wissenschaftlichen Universitätspersonals berechtigt, Forschungsvorhaben durchzuführen, die nicht aus dem Budget der Universität, sondern aus Forschungsaufträgen Dritter, aus Mitteln der Forschungsförderung oder aus anderen Zuwendungen Dritter finanziert werden.[313] Die Durchführung von Ad-personam-Projekten zählt zur Universitätsforschung, daher dürfen auch Ressourcen der Universität genutzt und universitäre Aufgaben wahrgenommen werden.[314] Der Unterschied zwischen Forschungsauftrag und Forschungsförderung liegt darin, dass der Auftraggeber bei Forschungsaufträgen neben einer Berichtspflicht auch die Rechte an den Forschungsergebnissen (also geldwerte Gegenleistungen) verlangt. Die Forschungsförderung sieht hingegen lediglich eine Berichts- und Rechnungslegungspflicht über die widmungsmäßige Verwendung der Fördermittel vor. Der FWF gilt idR als so eine Forschungsförderungsinstitution.[315] § 27 UG regelt die Projektaufträge, bei denen der Vertragspartner die Universität selbst ist, wonach die Leiter:innen der Organisationseinheit namens der Universität berechtigt sind, bestimmte Rechtsgeschäfte abzuschließen und Vermögensdispositionen im Drittmittelbereich vorzunehmen.[316]

Der Universität wird eine Einflussnahme auf wissenschaftliche Publikationstätigkeiten prinzipiell untersagt. **§ 106 UG 2002** regelt die Verwertungsrechte von geistigem Eigentum der Universitätsangehörigen und besagt, dass jede Universitätsangehörige selbstständig ihre eigenen wissenschaftlichen Werke veröffentlichen können (Abs 1) (siehe weiter unten für eine nähere Ausführung). Das Recht zur Veröffentlichung eigener wissenschaftlicher Werke unterliegt keiner Einschränkung durch Zustimmungsvorbehalte von Dienstvorgesetzten.[317] Art 17 StGG ist gemäß § 2 Z 1 UG eine der leitenden Grundsätze der Universität, wonach § 106 Abs 1 UG auch anwendbar ist, wenn wissenschaftliche Ergebnisse aus Drittmittelforschung (§§ 26 und 27 Abs 1 UG 2002) herrühren. Das

---

313 *Perthold-Stoitzner*, Universitätsgesetz 2002, 6. Auflage, 2022, § 26 UG 2002, 150–151; *Pfeil/Grimm/Schöberl*, Personalrecht der Universitäten, 2. Auflage, 2021, §§26,27 UG, Rn 2.

314 *Pfeil/Grimm/Schöberl*, Personalrecht der Universitäten, §§26,27 UG, Rn 5.

315 *Perthold-Stoitzner*, § 26 UG 2002, 150–151.

316 *Pfeil/Grimm/Schöberl*, Personalrecht der Universitäten, §§26,27 UG, Rn 11.

317 *Perthold-Stoitzner*, Universitätsgesetz 2002, 6. Auflage, 2022, § 106 UG 2002, 477–479.

betrifft aber nur das Verhältnis zwischen Universitätsangehörigen und der Universität, nicht zum/r Fördergeber:in. **Zwischen Drittmittelgebern und Universitätsangehörigen besteht eine abweichende Regelung.** Drittmittelforschungen, die auf dem Ideal freier, unabhängiger und nicht interessensgeleiteter Forschung beruhen, stehen in keinem Konflikt mit § 106 Abs 1 UG 2002. Dies gilt auch für die Verbreitung der Forschungsergebnisse von in Drittmittelprojekten involvierten Universitätsangehörigen, sofern keine inhaltlichen, sondern lediglich formelle Rahmenbedingungen festgelegt werden. **Formelle Rahmenbedingungen** einer Förderung sind ua Embargofristen, wonach Forschungsergebnisse zu publizieren sind oder auch Open Access zugänglich sein sollen. Derartige Förderbedingungen stellen keine Einschränkung des § 106 Abs 1 UG 2002 dar und sind unproblematisch.[318] Nach *Titschler* findet § 106 Abs 1 UG 2002 auf Drittmittelforschung gar keine Anwendung, sondern nur auf »Amtsforschung«, da Drittmittelforschung im Grunde nach Industrieforschung ist. Demnach werden in der Drittmittelforschung die Werke für Auftraggeber:innen geschaffen.[319]

Sollte ein Forschungsvorhaben bestimmte private Interessen verfolgen, so schadet es nicht, solange die privaten Interessen die freie Erkenntnissuche nicht be- und verhindern und die charakteristischen Merkmale der Wissenschaftsfreiheit gewahrt bleiben.[320] Charakteristische Merkmale der Wissenschaftsfreiheit sind die Freiheit über die Wahl des Forschungsgegenstandes, der Forschungsmethode, des Forschungsziels sowie die Deutung und Bewertung des Forschungsergebnisses in autonomer Selbstbestimmung. Sie reicht über die Aufzeichnung und Publikation von Forschungsergebnissen bis hin zum Vertreten wissenschaftlicher Lehrmeinungen.[321] Aus der Wissenschaftsfreiheit lässt sich jedoch kein absolutes Recht ableiten, das Werk in der von der Autorin ausgewählten Zeitschrift zu publizieren (ob ein Werk tatsächlich in der ausgewählten Zeitschrift veröffentlicht wird oder nicht, entscheidet weiterhin der Verlag).[322] Wenn ein/e Universitätsangehörige/r in

---

318 *Appl* in FS Nowotny, 732.

319 *Titschler*, Das Recht auf Veröffentlichung im Spannungsverhältnis zur Drittmittelforschung, in zfhr, 6 Heft aus 2008, 172–176.

320 *Schmidt*, Hochschulrechtliche Veröffentlichungspflichten, 123.

321 *Pöschl* in *Körtner/Kopetzki/Druml*, 116; *Schmidt*, Hochschulrechtliche Veröffentlichungspflichten, 123, 138.

322 *Angelopoulos*, Study on EU copyright, 31.

einem Drittmittelprojekt involviert ist, so sind gewisse Treuepflichten gegenüber dem/r Fördergeber:in einzuhalten. Treuepflichten gegenüber dem/r Fördergeber:in sind nicht überzogen, wenn die Förderbedingungen nicht gegen die Wissenschaftsfreiheit oder § 106 Abs 1 UG verstoßen. Das tatsächliche Ausmaß der Pflichten ist von der Drittmittelvereinbarung (zwischen Universität, Universitätsangehörige und Drittmittelgebende) abhängig.[323] Bei der Frage der Übertragung oder rechtsgeschäftlicher Einräumung immaterialgüterrechtlicher Positionen oder Nutzungsbefugnissen bedarf es einer vertraglichen Regelung.[324] Der/die Vertrags- bzw. Projektpartner:in bei § 26-Projekten ist jedoch stets der/die einzelne wissenschaftliche Mitarbeiter:in.[325] Dennoch sollte die grundlegende Entscheidung über den Publikationsinhalt oder ob überhaupt publiziert werden soll, dem/der wissenschaftlichen Urheber:in obliegen, um nicht den Normierungszweck des Art 17 StGG, § 106 Abs 1 UG 2002 und den Grundsätzen des § 2 UG 2002 (universitäre Aufgabenerfüllung) hinter die wirtschaftlichen Interessen der Fördergeber:innen zu stellen.[326]

Die Verfolgung öffentlicher Interessen stellt häufig die Grundlage für die Förderbedingungen vieler Fördergeber:innen dar. In der Politik wird vermehrt gefordert, die staatliche Finanzierung von Forschungsvorhaben an die Bereitschaft zur Open-Access-Veröffentlichung der Ergebnisse zu koppeln. Um der Privatisierung von öffentlich finanzierten wissenschaftlichen Forschungsergebnissen (insb durch Verlage) entgegenwirken zu können, entstanden so genannte »coping strategies«, wie zB die Rights-Retention-Strategien«.[327]

Nach Plan S müssen sämtliche wissenschaftliche Publikationen, welche mit öffentlichem Fördermittel unterstützt wurden, Open Access zugänglich sein. Autoren:innen oder deren Einrichtung sollen ausreichende Rechte beibehalten, um OA-Anforderungen erfüllen zu können. **cOAlition S sieht vor, dass Autoren:innen der Allgemeinheit verpflichtend ausreichende Nutzungsrechte an ihren wissenschaftlichen Publikationen iS des Open Access einräumen müssen.** In den

323 *Appl* in FS Nowotny, 732; *Schmidt*, Hochschulrechtliche Veröffentlichungspflichten, 123 und 138.

324 *Geist* in *Strasser*, 166.

325 *Pfeil/Grimm/Schöberl*, Personalrecht der Universitäten, §§26,27 UG, Rn 9.

326 *Appl* in FS Nowotny, 732.

327 *Angelopoulos*, Study on EU copyright, 24–25; *Fehling* in OdW 4 (2014), 180.

Förderbestimmungen der jeweiligen Fördergeber:innen soll zumindest geregelt sein, dass veröffentlichte Werke Open Access anzubieten sind. Da cOAlition S aus mehreren Einrichtungen besteht, gibt es unterschiedliche Rights-Retention-Ansätze. Es wird va zwischen »prior license (Vorablizenz)« und »prior obligation (Vorabverpflichtung)« unterschieden. Die Unterscheidung liegt im Zeitpunkt, also wann ein mithilfe von Fördermittel geschaffenes Werk OA zur Verfügung gestellt wird. Während bei der »Vorabverpflichtung« spätestens zum Zeitpunkt der Veröffentlichung das Werk unter einer CC-BY-Lizenz freizugeben ist, wird bei einer »Vorablizenz« eine CC-BY-Lizenz für alle künftigen Manuskripte vorgesehen. Das Rahmenförderprogramm Horizont Europe verfolgt den Ansatz der »Vorabverpflichtung« (prior obligation). Das veröffentlichte Werk oder das »peer-reviewed« Manuskript soll in einem maschinenlesbaren Format in einem Repositorium, mit einer CC-BY Lizenz oder gleichwertigen Nutzungsrechten, hinterlegt werden.[328]

Open-Access-Veröffentlichungspflichten von Fördergeber:innen können unterschiedlich gestaltet sein und unterschiedliche Formen rechtlicher Verbindlichkeit vorsehen. Va bei den Förderbedingungen kann dies von der Empfehlung bis zur strikten Vertragspflicht des/der Förderempfängers:in reichen.[329] Während bei Empfehlungen der grundrechtliche Eingriffscharakter eher zu verneinen ist (da die Entscheidung dem/r Wissenschaftler:in überlassen ist), können Förderbedingungen, wie eben ein vertraglich verpflichtendes OA-Anbieten mithilfe von CC-Lizenzen, einen Eingriff in die oben genannten Grundrechte darstellen.[330] Bei Förderungen ist vorab abzuklären, ob es sich tatsächlich um einen Eingriff handelt, da Förderungen insgesamt Leistungen darstellen und freiheitserweiternd wirken. Zwar werden die Erweiterungen der Forschungsmöglichkeit (mittels Einräumens von Drittmitteln) durch Bedingungen der Open-Access-Publikation eventuell weniger attraktiv gemacht, führen aber im Ergebnis nicht dazu, dass die Förderung zu einer Belastung wird. Förderbedingungen sind bloße »Spielregeln« bzw. Leistungsmodalitäten, welche das Teilhaberecht und den Vergabewettbewerb einer Förderung konkretisiert, aber nicht

---

328 *Angelopoulos*, Study on EU copyright, 24–26; FWF, »Rights Retention Strategy« ebnet den Weg für Open Access, abrufbar unter: https://www.fwf.ac.at/de/news-presse/news/nachricht/nid/20200715-2541 (Stand: 12.05.2023).

329 Vgl *Fehling* in OdW 4 (2014), 181.

330 *Angelopoulos*, Study on EU copyright, 27–28; *Fehling*, in OdW 4 (2014), 181.

beschränkt. Daher wird dem Staat bzw. dem/der Grundrechtsträger:in bei Förderentscheidungen auch ein erheblich weiterer Gestaltungsspielraum eingeräumt als zB bei wissenschaftlichen Ge- und Verboten, und können auch inhaltsneutrale Open-Access-Verpflichtungen erlauben, ohne einen Eingriff in zB das Grundrecht der Wissenschaftsfreiheit darzustellen. Stehen der Wissenschaftlerin kaum Ressourcen zur Verfügung, die ihre Forschung ermöglichen, oder werden ihr die Ressourcen entzogen oder gänzlich verweigert, so stellt dies einen Eingriff in die Wissenschaftsfreiheit dar.[331] Va für Fachbereiche, deren Forschungsprojekte sich nicht mit der Grundausstattung einer Hochschule finanzieren lassen, also eine gewisse Abhängigkeit von Drittmitteln vorliegt, ist dies zu beachten. Je unverzichtbarer die Abhängigkeit von Drittmitteln ist, desto eher stellen Open-Access-Bedingungen als Voraussetzung der Förderung einen Eingriff in das Grundrecht der Wissenschaftsfreiheit dar. Hier sind Alternativangebote an Förderungsmöglichkeiten und auch die unterschiedlichen Fachbereiche zu berücksichtigen.[332]

Ist man der Ansicht, dass derartige Förderbedingungen einen Eingriff in die genannten Grundrechte und hochschulrechtlichen Rechte und Pflichten darstellen, so sind diese Eingriffe näher zu prüfen. Die Wissenschaftsfreiheit nach Art 17 StGG gestattet es dem/der Träger:in des Grundrechts, selbst darüber zu entscheiden, wo und wie sie das Werk verbreiten möchte.[333] Rights-Retention-Strategien oder Open-Access-Mandate schränken idR jedoch nicht ein, ob, wann oder wo Autoren:innen ihre Werke einreichen können, sondern regeln die formellen Rahmenbedingungen, also das »wie« (nämlich OA).[334] Wenn die Förderbedingung einen obligatorischen goldenen Weg (OA-Erstveröffentlichung) vorsieht, so bedarf es einer Verhältnismäßigkeitsprüfung. Open-Access-Förderbedingungen, die die geförderten Wissenschaftler:innen zu einer Publikationsweise zwingen, sind wohl ohne Einräumen von Alternativen unverhältnismäßig und nicht zulässig. Sieht der Fördervertrag allgemein formulierte Ausnahmen oder Härtefallregelungen vor, so könnte dies eine Verhältnismäßigkeit der Förderbedingung

331 *Fehling* in OdW 4 (2014), 194–195; *Pöschl* in *Körtner/Kopetzki/Druml*, 122.
332 *Fehling* in OdW 4 (2014), 195–196.
333 *Muzak*, B-VG^6, Art 17 StGG, Rn 2 (Stand 1.10.2020, rdb.at); *Pöschl* in *Körtner/Kopetzki/Druml*, 116.
334 *Angelopoulos*, Study on EU copyright, 32–33; *Eisentraut* in OdW 3 (2020), 185.

sichern.[335] Eine Förderbedingung, welche zB eine Open-Access-Zweitverwertungspflicht festgelegt, greift in das »Wo« der Publikation ein, wobei auch hier eine Verhältnismäßigkeitsprüfung über die Zulässigkeit entscheiden kann.[336]

Dennoch steht die Gewährung von Finanzmitteln zB durch den FWF der freien und unabhängigen Forschung nicht entgegen. Wie die Forschungsergebnisse verbreitet werden sollen, sind keine inhaltlichen Förderbedingungen, sondern allenfalls formelle Bedingungen, welche zulässig sein können.[337] Hinzu kommt, dass das Grundrecht der Wissenschaftsfreiheit die Forscher:innen nicht von den Pflichten entbindet, die zB durch die Unterzeichnung eines Fördervertrages oder einer sonstigen Vereinbarung zur Drittmittelgewährung eingegangen werden. Die Forscher:innen dürfen die öffentlichen Finanzmittel der Fördergeber nicht entgegen dem ursprünglich verfolgten Ziel/der widmungsmäßigen Verwendung der Förderung nutzen und ihre wissenschaftlichen Publikationen ausschließlich »closed« anbieten.[338] Außerdem darf die Wissenschaftsfreiheit innerhalb der Schranken der allgemeinen Gesetze eingeschränkt werden.[339] Für den FWF dient va das Forschungs- und Technologieförderungsgesetz (FTFG) als Grundlage, insb § 2b Abs 1 Z 4 FTFG. Die öffentlichen Interessen des FWFs hinsichtlich OA stehen in keinem Widerspruch zu Art 17 StGG, zu § 106 Abs 1 UG 2002 oder den Grundsätzen § 2 UG 2002.[340] **Im Ergebnis können Förderbedingungen, sofern der Eingriffscharakter bejaht wird, durchaus verfassungskonform sein, unterliegen aber stets einer genaueren Einzelfallprüfung. Da Open-Access-Förderbedingungen inhaltsneutral sind, lässt sich der Eingriffscharakter idR verneinen. Selbst dort, wo Wissenschaftler:innen auf eine Förderung angewiesen sind, können Förderbedingungen im Rahmen der Verhältnismäßigkeit rechtlich zulässig sein.**

---

335 *Fehling* in OdW 4 (2014), 197, 206; *Sandberg* in OdW 2 (2017), 81.

336 *Eisentraut* in OdW 3 (2020), 185.

337 Vgl *Appl* in FS Nowotny, 732, *Angelopoulos*, Study on EU copyright, 32–33; *Fehling*, in OdW 4 (2014), 194–195.

338 Vgl *Angelopoulos*, Study on EU copyright, 32–33; *Schmidt*, Hochschulrechtliche Veröffentlichungspflichten, 138–142; *Pfeil/Grimm/Schöberl*, Personalrecht der Universitäten, §§26,27 UG, Rn 9.

339 *Muzak*, B-VG^6, Art 17 StGG, Rz 5; *Öhlinger/Eberhard*, Verfassungsrecht, Rn 925; *Pöschl* in *Körtner/Kopetzki/Druml*, 128–129.

340 Vgl *Appl* in FS Nowotny, 732.

Mit derartigen Förderbedingungen und Strategien kann auch ein Eingriff in das **Eigentum der Urheber:innen** (Art 5 StGG) vorliegen. Denn die Förderbedingungen sehen **Regelungen zur Benützung des Eigentums** vor. Damit dieser Eingriff keine Verletzung des Grundrechts darstellt, bedarf es eines Allgemeininteresses und einer Verhältnismäßigkeit des Eingriffs.[341] Die Maßnahme des OA-Anbietens ist zur Erreichung des im öffentlichen Interesse liegenden Zieles geeignet. In Anbetracht der Förderung durch den Grundrechtsverpflichteten kann die Förderbedingung angemessen in Relation zur Grundrechtsposition der Autoren:innen sein. Diskutabel ist, ob die Maßnahme bzw. Förderbedingung in dem Sinn erforderlich ist, dass sie das gelindeste Mittel zur Erreichung des Zieles bildet, also die Grundrechtsposition der Urheber:innen so wenig wie möglich einschränkt. Dies ist abhängig vom Einzelfall und der jeweiligen Maßnahme. Gelindere Mittel zur Verfolgung des Zieles wären zB eine »Vorabverpflichtung« im Vergleich zur »Vorablizenz« sowie der »grüne Weg« im Vergleich zum »goldenen Weg«. Gewisse Ausnahme- und Härtefälle im Fördervertrag können eine Verhältnismäßigkeitsprüfung begünstigen. **Im Ergebnis ist stets eine Einzelfallprüfung notwendig und von der konkreten Ausgestaltung der verfolgten Strategie der Forschungsförderin abhängig.**

Eine grundrechtskonforme Lösung von Open-Access-Pflichten im Rahmen einer Förderung ist unter Berücksichtigung von Verhältnismäßigkeitserwägungen erreichbar, wenn zB den Autoren:innen entsprechende Optionen eingeräumt werden und die Wahl des Veröffentlichungsmediums überlassen wird.[342] Abschließend müssen die Auswirkungen der konkreten Open-Access-Veröffentlichungspflichten auf die tatsächlichen Publikationsmöglichkeiten der jeweiligen Autoren:innen prognostiziert werden. Darauf aufbauend sind die Förderbedingungen so zu gestalten, dass sich keine unverhältnismäßigen Folgen ergeben.[343]

---

341 *Öhlinger/Eberhard*, Verfassungsrecht, Rn 715,718, 878.

342 *Graf/Haux* in suis-generis (2017), Rn 17; *Sandberger*, in OdW 2 (2017), 81.

343 *Fehling*, in OdW 4 (2014), 206.

II. Hochschulrechtliche Veröffentlichungspflichten in Österreich?

Hochschulen samt ihren Angehörigen sind eine zentrale Schlüsselstelle der Wissensgesellschaft, die das theoretische Wissen zusammenträgt und auswertet.[344] An den Hochschulen wie einer Universität soll die »Wissenschaft« nicht nur in liberaler Weise betrieben und gelehrt werden, sondern diese Einrichtungen sollen selbst die maßgebliche Pflanzstätte der Freiheit des Geistes in einer Gesellschaft sein. Diesen Maßstab sollte man sich an den entscheidenden Wendepunkten der Hochschulgeschichte immer wieder neu bewusst machen und zu Reformvorstellungen konkretisieren.[345] Die Europäische Kommission hat mehrfach zum Ausdruck gebracht, dass Open Science ein wichtiger Bestandteil des digitalen Binnenmarkts und der europäischen Data Economy ist.[346] Mit dem Ziel des europäischen Forschungsraums, die wettbewerbsfähigste und dynamischste Wissensgesellschaft der Welt zu werden, sollen va Universitäten einen breiteren Zugang zum Wissen ermöglichen. Dabei ist die Dissemination von Forschungsergebnissen auf Hochschulen das bedeutsamste Medium. Neben der Freiheit der Wissenschaft und der Autonomie der Universitäten sind insb die Digitalisierung und das Zurverfügungstellen der Kommunikationsinfrastruktur für die Wissensgemeinschaft von Bedeutung.[347] Universitäten verfügen bereits über die erforderliche Kommunikations- und Informationsinfrastruktur, um zB Repositorien einzurichten und die dort abgelegten Inhalte einer breiten Öffentlichkeit online zur Verfügung zu stellen.[348] Wie wissenschaftliche Ergebnisse auf Hochschulen verbreitet werden, und ob es eine Veröffentlichungspflicht im Rahmen von hochschulrechtlichen Normen gibt, soll in diesem Kapitel näher betrachtet werden. Dabei ist zu beachten, dass Veröffentlichungspflichten und Aufgriffsrechte (zB Rechte zur Inanspruchnahme einer Diensterfindung wie § 106 Abs 2 UG) in einem Spannungsverhältnis zu organisations- und beschäftigungsrechtlich zugesicherten Veröffent-

344 *Storr* in ALJ 2/2017, 85–86.

345 *Pernthaler*, Universitätsautonomie, in *Strasser* (Hrsg), Organisations-, europa- und immaterialgüterrechtliche Probleme der Universitäten, 1992, 9.

346 *Staudegger* in ALJ 1/20181–2.

347 *Storr* in ALJ 2/2017, 86, 91–92.

348 *Staudegger* in ALJ 1/2018, 1–2.

lichungsrechten, dem Urheberrecht sowie zu einigen Grundrechten stehen.[349]

A. Universitätengesetz 2002

Nach § 1 UG 2002 sind Universitäten dazu berufen, ua der wissenschaftlichen Forschung und Lehre zu dienen und hierdurch auch verantwortlich zur Lösung der Probleme des Menschen sowie zur gedeihlichen Entwicklung der Gesellschaft und der natürlichen Umwelt beizutragen.[350] Die im UG festgehaltenen Aufgaben und Ziele stellen auf den gemeinschaftlichen Erkenntnisgewinn zum Zweck der Persönlichkeitsentwicklung durch wissenschaftliche Forschung ab. Es basiert im Grunde auf dem humboldtschen Bildungsideal zur Förderung der Allgemeinbildung. Die Grundsätze und Aufgaben der Universität sind diesem Wissenschaftsideal verpflichtet, was ua auch durch die Wahrung der Wissenschaftsfreiheit nach Art 17 StGG (§ 2 Abs 1 UG) klargestellt wird.[351] Dies sollte bei der Beurteilung vermeintlicher Veröffentlichungspflichten an einer Universität nicht außer Acht gelassen werden.

1. Veröffentlichungspflicht nach § 86 UG 2002

Das UG-Gesetz sieht eine explizite **Veröffentlichungspflicht im Studienrecht** vor, nämlich im Rahmen wissenschaftlicher und künstlerischer Abschlussarbeiten (Diplom-, Master-, und Doktorarbeiten).[352] Die Pflicht zur Veröffentlichung steht an der Schnittstelle von Urheberrecht und Studienrecht, wobei teilweise gemeinsame, aber auch widersprüchliche Ziele verfolgt werden.[353]

§ 86 UG 2002 normiert eine **Veröffentlichungspflicht wissenschaftlicher Arbeiten Studierender** durch Übergabe an die Bibliothek der Universität, an welcher der akademische Grad verliehen wird. Diese

349 *Novak* in OdW 2 (2017), 108; *Novak*, Universitäten zwischen Freiheit und Verantwortung, Entwicklung und Perspektiven einer Rechtsbeziehung, 2014, 214.

350 *Perthold-Stoitzner*, Universitätsgesetz 2002, 6. Auflage, 2022, § 1 UG, 1.

351 *Novak* in OdW 2 (2017), 112–114.

352 *Novak* in OdW 2 (2017), 109.

353 *Staudegger* in ALJ 1/2018, 3.

Übergabe liegt nicht im Ermessen der Studierenden, es handelt sich lediglich um eine **Ablieferungspflicht**. Die Studierenden kommen ihrer Veröffentlichungspflicht durch Ablieferung der Exemplare nach, wobei der Zeitpunkt der Veröffentlichung sich nach § 8 UrhG bestimmt.[354] Grund für diese Veröffentlichungspflicht war, dass nur ein geringer Anteil von diesen Arbeiten publiziert wurde und folglich kaum zugänglich waren.[355] Nach den Erläuterungen des Gesetzgebers zu § 86 UG haben sich »*Wissenschaftliche Arbeiten in ihrem Wesen nach der Konfrontation zu stellen, weshalb eine Veröffentlichung notwendig ist*«.[356] Zweck dieser Regelung ist die Förderung wissenschaftlicher Forschung, der Zugang der Fachöffentlichkeit zu den Ergebnissen sowie Maßnahmen gegen Plagiate. Demnach sind die Werke des wissenschaftlichen Nachwuchses derart wertvoll, dass diese veröffentlicht werden müssen. Das Mittel hierfür ist die »Ablieferung«, was nicht die Einräumung urheberrechtlicher Nutzungsbefugnisse (wie zB auch iSd Open Access) bedeutet, aber die Benutzung im Rahmen der freien Werknutzungen oder im Rahmen der Bibliotheksordnungen bewirkt.[357] Nach positiv beurteilten wissenschaftlichen Arbeiten werden die Verfasser verpflichtet, das Werk an die Bibliothek der Universität zu übergeben (auch in elektronischer Form möglich). Ausnahmen von der Veröffentlichungspflicht sind möglich, wobei zumindest Dokumentationen oder Beschreibungen der Arbeiten zu veröffentlichen sind, wenn sie für sich eine taugliche Aussagekraft besitzen. Abs 4 ermöglicht der Verfasserin, den Ausschluss der Benützung des abgelieferten Exemplars für maximal fünf Jahre, wenn glaubhaft gemacht werden kann, dass wichtige rechtliche oder wirtschaftliche Interessen der Studierenden gefährdet sind.[358]

Autoren:innen wissenschaftlicher Abschlussarbeiten nach § 86 UG gelten als Urheber:innen der jeweiligen Werke, wonach ihnen auch die urheberrechtlichen Verwertungsrechte ausschließlich vorbehalten sind. Daneben genießen sie auch den grundrechtlichen Schutz in Form der Eigentumsgarantie sowie der Wissenschaftsfreiheit. Die

354 *Novak*, in OdW 2 (2017), 109; *Perthold-Stoitzner*, UG, 6. Auflage, § 86 UG, 420–422.

355 *Perthold-Stoitzner* in *Perthold-Stoitzner*, UG 3.01, § 86, Rn 1 (Stand 1.12.2018, rdb.at).

356 ErläutRV 588 BlgNR 20. GP 99; *Perthold-Soitzner*, UG 3.01, § 86, Rn 1.

357 *Novak* in OdW 2 (2017), 109; *Staudegger* in ALJ 1/20186–8.

358 *Perthold-Stoitzner*, UG 3.01, § 86, Rn 1,3–4.

studienrechtliche Veröffentlichungspflicht legt die Pflicht sowie die Art und Weise der Veröffentlichung fest, wobei die Bestimmungen des UrhG unberührt bleiben. Neben den freien Werknutzungen zugunsten der Bibliotheken soll mit dieser Pflicht der oben genannte Zweck erreicht werden.[359]

Das Recht der Erstveröffentlichung kommt dem/der Urheber:in zu. Die Entscheidung, wann und ob ihr Werk veröffentlicht werden soll, steht dem/der Autor:in frei zu, kann aber auch vertraglich oder durch freie Werknutzungen eingeschränkt werden.[360] Die Zwecke des § 86 UG liegen im öffentlichen Interesse, während die Veröffentlichungspflicht zur Erreichung des Ziels legitim und geeignet erscheint. Diskussionswürdig ist, ob eine Veröffentlichungspflicht auch als das gelindeste Mittel zur Erreichung des Zwecks ist oder ob nicht weniger intensive Maßnahmen möglich wären. Zu berücksichtigen ist hierbei die Sperrfrist. § 86 Abs 4 UG gestattet es dem/der Autor:in, die Nutzung ihres Werkes für fünf Jahre sperren zu lassen, womit zB eine Publikation in einem Fachverlag gewährt wird. Neben der Sperrfrist gibt es auch Ausnahmefälle der Veröffentlichungspflicht, weshalb ein weniger intensives Mittel zur Erreichung des Zwecks der Forschungsförderung schwer vorstellbar ist. Auch eine Verhältnismäßigkeitsprüfung im engeren Sinne fällt zugunsten der Veröffentlichungspflicht aus, da der Gewinn für die Forschung durch § 86 UG hoch zu gewichten ist, und die Intensität der Eingriffe in Anbetracht der Sperrmöglichkeit und Ausnahmefällen minder ist. § 86 UG verfolgt legitime, im öffentlichen Interesse liegende Zwecke, wobei die Mittel zur Erreichung des verfolgten Zwecks durchaus geeignet und angemessen sind. Die Veröffentlichungspflicht nach § 86 UG ist somit grundrechtskonform.[361]

Auch das **Abliefern/Veröffentlichen** der wissenschaftlichen Arbeiten in **Form von Open Access** ist nicht ausgeschlossen. § 86 Abs 1 letzter Satz ermächtigt die Universitäten in ihrer Satzung festzulegen, dass die Veröffentlichung »elektronisch in einem öffentlich zugänglichen Repositorium« erfolgen muss. Urheberrechtlich handelt es sich hierbei um das Zurverfügungsstellungsrecht nach § 18a UrhG. Der **Gesetzgeber ermöglicht den Universitäten, eine Open-Access-Veröffentlichungspflicht in der Satzung vorzusehen**. Ob diese Bestimmung ausreichend

359 *Staudegger* in ALJ 1/2018, 2, 7.
360 *Staudegger* in ALJ 1/2018, 8–9.
361 *Staudegger* in ALJ 1/2018, 16–17.

klar ist, bleibt fraglich. Doch selbst bei Bejahung ist zu prüfen, welche Anforderungen die Satzung einer Universität erfüllen muss, damit eine OA-Pflicht auch grundrechtlich zulässig ist. Die Satzung einer Universität ist ex lege als Verordnung nach Art 81a B-VG iVm § 19 Abs 1 UG zu qualifizieren, wobei sich die Kompetenz der Universität hierfür aus § 19 Abs 2 Z 4 UG sowie § 86 UG ergibt.[362] Eine OA-Pflicht auf Grundlage von § 86 UG unterscheidet sich vom Zweitverwertungsrecht ua dadurch, dass hier nicht explizit eine Finanzierung von Forschungsleistungen durch die öffentliche Hand gegeben sein muss. Erlässt die Universität eine OA-Pflicht in ihrer Satzung, so sind die anfallenden Kosten der OA-Publikation zu klären. Eine Überwälzung der Publikationskosten auf die Absolventen:innen ist nicht zulässig. Eine Klarstellung der Nutzungsmodelle ist ebenso notwendig, um den Umfang der erlaubten Nutzung festzulegen, wobei eine gänzlich unbeschränkte Freigabe einer Enteignung ähnelt und überschießend wäre.[363]

Im Ergebnis ist festzuhalten, dass die Ausgestaltung auf Inhalt, Kosten, Nutzungsrechte und Ausnahmeregelungen hinreichend bestimmt sein muss, wenn auf Grundlage von § 86 UG eine OA-Pflicht für wissenschaftliche Abschlussarbeiten eingeführt werden soll. Eine in einer Satzung statuierte OA-Pflicht muss zudem verhältnismäßig sein. Va ist zu berücksichtigen, ob eine derartige Pflicht auch das erforderliche Mittel zur Erreichung des Zieles von § 86 UG 2002 ist. Der Eingriffscharakter in das Urheberrecht und in die Grundrechte durch die weltweite Zugänglichkeit (über ein Repositorium) und Nutzbarkeit iSd OA ist unstrittig. Ein Repositorium hat idR jedoch keine vergleichbare Reputation wie Fachverlage, weshalb Veröffentlichungspflichten auch potenziell schwere, karrierehindernde Beeinträchtigungen der Wissenschaftler:innen zur Folge haben können. Ähnlich wie bei einer OA-Pflicht als Förderbedingung müssen die Auswirkungen auf die tatsächlichen Publikationsmöglichkeiten der jeweiligen Autorinnen vertiefend untersucht werden.[364]

Eine Veröffentlichungspflicht ist außerdem im Rahmen einer Betreuungsvereinbarung denkbar. Dennoch ist eine OA-Veröffentlichungspflicht juristisch kritisch zu betrachten. Das Ziel sollte es sein, eine Publikationskultur auf Hochschulen zu entwickeln, welche sowohl

---

362 *Staudegger* in ALJ 1/2018, 2,6,17.

363 *Staudegger* in ALJ 1/2018, 17–19.

364 Vgl *Fehling* in OdW 4 (2014), 206; *Staudegger* in ALJ 1/2018, 20–21.

die Interessen der Autorinnen und der Hochschule als auch der Allgemeinheit berücksichtigt.[365]

2. Veröffentlichungsrechte nach § 97 und § 106 UG 2002

Das wissenschaftliche Personal der Universitäten ist, abgestuft nach Berufserfahrung und Position, nach dem BDG, UG und dem Kollektivvertrag der Universitäten zur selbstständigen Forschung verpflichtet. Diese Pflicht kann ua auch durch die Publikation wissenschaftlicher Werke erfüllt werden.[366] Während § 86 UG eine Veröffentlichungspflicht von Abschlussarbeiten der Studierenden vorsieht, ist für Universitätsprofessoren:innen das Dienstrecht, § 97 UG und § 106 UG zu betrachten.

§§ 97ff UG regelt die Aufnahme von Universitätsprofessoren:innen in privatrechtlichen Arbeitsverhältnissen zur Universität sowie die grundsätzlichen Aufgaben der Professoren:innen. Arbeitsrechtlich gilt für die gem §§ 97ff UG neu aufgenommenen Professoren das Angestelltengesetz (§ 108 UG). Das Dienstrecht von Universitätsangehörigen ist vertraglich geregelt. Dennoch ist § 49p VBG sowie § 183 BDG zu nennen, die Universitätsassistenten:innen das selbstständige Veröffentlichungsrecht wissenschaftlicher Arbeiten einräumen. Bereits beamtete Universitätsprofessoren:innen verbleiben im Bundesdienst, Vertragsprofessorinnen gehen in ein Arbeitsverhältnis zur Universität über, wobei das VBG weiter für sie gelten soll. Die organisationsrechtliche Funktion der Universitätsprofessoren:innen und deren Aufgaben nach § 97 UG erfasst Personen in verschiedenartigen Dienstverhältnissen.[367]

§ 97 UG normiert in Abs 1 die Aufgaben der Universitätsprofessoren:innen. Demnach sind Universitätsprofessoren:innen für die **Forschung oder die Entwicklung und Erschließung der Künste** sowie für die **Lehre** in ihrem Fachgebiet **verantwortlich**. Es handelt sich um eine relativ knappe Festlegung der Aufgaben, da von einer »Verantwortlichkeit« für Forschung und Lehre gesprochen wird. Dadurch wird aber auch die besondere Stellung der Universitätsprofessoren:innen iSd

365 *Staudegger* in ALJ 1/2018, 21–22.
366 *Bertsch*, Nebenbeschäftigung nach dem Kollektivvertrag der Universitäten, JAS 03/2021, 249.
367 *Bertsch*, Nebenbeschäftigung nach dem Kollektivvertrag der Universitäten, 234; *Kucsko-Stadlmayer/Haslinger* in *Perthold-Stoitzner*, UG 3.01, § 97, RN 1–5 (Stand 1.12.2018, rdb.at).

humboldtschen Bildungsideals zur Förderung der Allgemeinbildung zum Ausdruck gebracht. Der/die Universitätsprofessor:in wird eine zentrale Rolle bei der Erfüllung der universitären Aufgaben eingeräumt. Ein Anspruch auf Betrauung von Lehrveranstaltungen bedeutet dies aber nicht. Ein Anspruch »auf Beschäftigung« kann nach der Rsp zuerkannt werden, wenn zB ein Stillstand der Tätigkeiten der Professoren:innen zu einem Qualitätsverlust, einer Minderung des Niveaus und damit zu einem Schaden führen kann.[368] Nach den Erläuterungen zum UG 2002 sind die Schwerpunkte der Tätigkeit gleichermaßen die Forschung und die Lehre, wobei eine abweichende Vereinbarung dienstvertraglich geregelt werden kann.[369] Die Konzentration auf nur ein Gebiet ist vorübergehend zulässig, auf Dauer nur in Ausnahmefällen (zB Gastprofessur) denkbar.[370] Das Veröffentlichen von wissenschaftlichen Werken fällt in die Tätigkeit der wissenschaftlichen Lehre. Umfasst ist die Freiheit, wissenschaftliche Lehrsätze, Lehrmeinungen und Forschungsergebnisse zu verkünden und zu veröffentlichen.[371]

Die Aufgaben des Universitätspersonals werden in § 97 UG sehr allgemein geregelt, wobei nähere Konkretisierungen in Dienstverträgen und Zielvereinbarungen erfolgen. Wie zuvor erwähnt, ist es nicht unüblich, dass in den Dienstverträgen Publikationspflichten als Aufgabe der Dienstnehmer:innen vorgesehen werden. Die allgemeine Formulierung im Gesetz soll eine ausreichende Flexibilität der wissenschaftlichen Tätigkeiten ermöglichen, entbindet die Professoren:innen jedoch nicht von den leitenden Grundsätzen und Aufgaben der Universität. Die im UG festgehaltenen Aufgaben und Ziele stellen auf den gemeinschaftlichen Erkenntnisgewinn zum Zweck der Persönlichkeitsentwicklung durch wissenschaftliche Forschung ab.[372] Wenn es sich bei dem/r Universitätsprofessor:in um eine/n Bundesbeamte:n handelt, so sind auch **die Dienstpflichten der Universitätslehrer:innen** (iSd § 154 BDG) nach **§ 155 BDG** zu berücksichtigen. Demnach umfassen die Aufgaben der Universitätslehrer:innen die Forschung, die Lehre und die Prüfungs-

368 *Kucsko-Stadlmayer/Haslinger* in *Perthold-Stoitzner*, Rn 6.
369 ErlRV UG 2002, zu § 97, 95; *Kucsko-Stadlmayer/Haslinger* in *Perthold-Stoitzner*, Rn 7.
370 *Kucsko-Stadlmayer/Haslinger* in *Perthold-Stoitzner*, Rn 7; *Pfeil/Grimm/Schöberl*, Personalrecht der Universitäten, §§97–99a, Rn 2; § 25 KollV, Rn 5.
371 *Muzak*, B-VG^6, Art 17 StGG (Stand 1.10.2020, rdb.at), Rn 2.
372 *Novak* in OdW 2 (2017), 111–114.

tätigkeit. Nach § 165 Abs 1 Z 1 BDG hat ein/e Universitätsprofessor:in ihr/sein wissenschaftliches Fach in Forschung und Lehre zu vertreten und zu fördern.[373] Die Vertretung der Forschung und Lehre des wissenschaftlichen Faches als Aufgabe der Universitätsprofessorin wird auch in § 25 Abs 2 des Kollektivvertrags der Universitäten festgehalten, wobei die hier demonstrativ genannten Aufgaben (zB Vertretung des Fachs in der Forschung, Durchführung von Lehrveranstaltungen etc) nur nach Maßgabe des Arbeitsvertrages bestehen.[374] Es handelt sich also weiterhin um relativ allgemeine Formulierungen, wobei Konkretisierungen in den Dienstverträgen erfolgen. Die Bestimmungen des BDG, UG sowie dem Kollektivvertrag sprechen dafür, dass Publikationstätigkeiten zu den Dienstpflichten des wissenschaftlichen Personals gehören und keine Nebenbeschäftigung (nach § 56 Abs 1 BDG) ist. Wenn fachspezifische Publikationen als Nebenbeschäftigung einzuordnen wären, so hätte dies ua zur Folge, dass die Dienstzeit nicht für Publikationen verwendet werden darf.[375] Selbst wenn im Dienstvertrag keine Publikationsbestimmungen vorgesehen sind und man eine Publikationstätigkeit nicht als Bestandteil der Dienstplicht erachtet, ist eine schriftliche Dokumentation von Forschungsleistungen auf einer Universität geboten. **Die Niederschrift einer wissenschaftlichen Forschung ist eine typische Folge der Forschungsverpflichtung und Bestandteil der Forschungsaufgabe des Universitätspersonals,**[376] auch deshalb, weil der Forschungsoutput der Universitätsprofessor:innen für die Evaluierung und Qualitätssicherung einer Universität herangezogen werden kann.[377]

Da das **Veröffentlichen eines wissenschaftlichen Werkes** ein **Verwertungsrecht** des/der Urhebers:in darstellt, ist § 106 UG 2002 zu berücksichtigen. **§ 106 UG** regelt die Verwertungsrechte des geistigen Eigentums der Universitätsangehörigen. Nach **Abs 1** hat **jede Universitätsangehörige das Recht, eigene wissenschaftliche Arbeiten selbstständig zu veröffentlichen (Publikationsbefugnis)**. Das Recht

373 *Bertsch*, Nebenbeschäftigung nach dem Kollektivvertrag der Universitäten, 233–234.
374 Siehe Kollektivvertrag für die Arbeitnehmerinnen der Universitäten 2021, § 25; *Pfeil/Grimm/Schöberl*, Personalrecht der Universitäten, §§ 97–99a, Rn 2.
375 *Bertsch*, Nebenbeschäftigung nach dem Kollektivvertrag der Universitäten, 233–235; aA *Dillenz* in *Strasser*, 122ff.
376 *Novak* in OdW 2 (2017), 112.
377 *Novak* in OdW 2 (2017), 112.

zur Veröffentlichung eigener wissenschaftlicher Werke unterliegt keiner Einschränkung durch Zustimmungsvorbehalten von Dienstvorgesetzten.[378] **§ 106 Abs 1 UG ist der Ausdruck der Wissenschaftsfreiheit nach Art 17 StGG,**[379] wobei insb § 105 UG 2002 die Gewissens- und Forschungsfreiheit für Universitätsangehörige normiert. Demnach können sich Weisungen im Hinblick auf Forschungsfelder und -themen bzw Gebiete der Erschließung sowie auf formale und organisatorische Rahmenbedingungen und Einhaltung der wissenschaftsethischen Grundsätze der »Good Scientific Practice« beziehen, nicht jedoch auf Methoden und Inhalte.[380] Eine Beschränkung der Veröffentlichung kann im Bereich der Auftragsforschung mit dem/r Auftraggeber:in vereinbart werden (siehe oben). Davon ausgeschlossen ist aber die Berechtigung, Universitätsangehörigen die Veröffentlichung gänzlich zu untersagen, sofern es sich um eigene wissenschaftliche Arbeiten handelt. § 106 UG regelt das Recht zur Veröffentlichung, sieht jedoch keine ausdrückliche Pflicht vor. § 106 kann nicht im Vorhinein im Dienstvertrag mit der Universität abbedungen oder eingeschränkt werden. Zulässig hingegen ist eine Informationspflicht der beabsichtigten Veröffentlichung sowie vorsorgliche Plagiatsprüfung. Einschränkungen eines Veröffentlichungsrechts im Zusammenhang mit einer Forschungsförderung oder Auftragsforschung nach § 26 UG sind möglich, solange diese mit ua der Wissenschaftsfreiheit im Einklang stehen (siehe auch oben). Auch bei Forschungsaufträgen nach § 27 UG kann das Veröffentlichungsrecht eingeschränkt werden, da bei der Auftragsforschung das Verhältnis zum/r Auftraggeber:in maßgeblich ist, und diese/r idR ein hohes Interesse an den Verwertungsmöglichkeiten hat.[381]

§ 106 Abs 2 normiert eine **Aufgriffsregelung** an einer **Diensterfindung** nach § 7 Abs 3 PatG. In Abs 2 werden die Erfindungen von Dienstnehmern nach § 7 PatG im Rahmen der Tätigkeit an Universitäten geregelt, wonach sämtliche Erfindungen eines Universitätspersonal als Diensterfindung gelten. Im Ergebnis läuft Abs 2 auf ein im Ermessen

---

378 *Perthold-Stoitzner*, Universitätsgesetz 2002, 6. Auflage, § 106 UG, 477–479; *Bertsch*, Nebenbeschäftigung nach dem Kollektivvertrag der Universitäten, 236.

379 *Titschler*, Das Recht auf Veröffentlichung im Spannungsverhältnis zu Drittmittelforschung, 171.

380 *Pfeil/Grimm/Schöberl*, Personalrecht der Universitäten, §105 UG, Rn 3.

381 *Nowotny* in *Perthold-Stoitzner*, UG 3.01, § 106, Rn 1–2 (Stand 1.12.2018, rdb.at).

der Universität liegendes Veröffentlichungsverbot hinaus, denn die Universität legt im Rahmen ihres Interesses an der Erfindung Wert auf die Geheimhaltung.[382] Derartige Diensterfindungen sind nach § 106 Abs 3 UG meldepflichtig und das **Verwertungsrecht liegt bei der Universität** als Dienstgeber. Neben dem Benützungsrecht ist die gänzliche Inanspruchnahme durch die Universität vorgesehen. § 106 UG legt den Anwendungsbereich von Erfindungen im Rahmen von Dienst-, Arbeits- und Ausbildungsverhältnissen zum Bunde oder zur Universität fest. Konkrete Arbeitserfolge an wissenschaftlichen Tätigkeiten werden jedoch nicht festgelegt.[383] Das Aufgriffsrecht steht in einem Spannungsverhältnis zum Veröffentlichungsrecht, da dadurch ein Patentschutz verloren gehen kann (§ 13 PatG sieht eine Geheimhaltungspflicht vor).[384] Entgegen des Aufgriffsrechts nach § 106 Abs 2 wird argumentiert, dass eine Herstellung von Publikationen nicht zu den »Dienstpflichten« im Rahmen von Forschung und Lehre zählt, weshalb wissenschaftliche Publikationen nicht der patentrechtlichen Aufgriffsregelung unterliegen. Die maßgeblichen universitätsrechtlichen Regelungen hinsichtlich der zu erbringenden Leistungen sind, abstrakt auf Forschungsarbeiten und Lehrtätigkeiten, iSd disziplin- und grundlagenorientierten Forschungstradition der Universitäten zu betrachten.[385] *Novak* führt bzgl der Aufgriffsregelung nach § 106 Abs 2 aus, dass **keine ausdrücklichen Publikationspflichten** in der beschäftigungsrechtlichen Forschungspflicht bzw. Aufgabe vorgesehen sind (sofern es keine abweichende dienstrechtliche Vereinbarung gibt). Forschungsprojekte müssen nicht zwingend in der Veröffentlichung von schriftlichen Werken enden. Dennoch ist eine **schriftliche Dokumentation von Forschungsleistungen, iSd Nachvollziehbarkeit wissenschaftlicher Innovation, geboten**. Eine Qualifikationsprüfung kann ebenso für eine Veröffentlichungspflicht sprechen, wie etwa zur Verleihung der Lehrbefähigung oder die Evaluierung von Forschungsleistungen. Es lässt sich nicht ausreichend sachlich begründen, das Aufgriffsrecht nach § 106 Abs 2 UG für patentfähige Forschungsleistungen zu entziehen, wenn diese in eine Publikation

382 *Novak*, Universitäten zwischen Freiheit und Verantwortung: Entwicklung und Perspektiven einer Rechtsbeziehung, 2014, 217; *Novak* in OdW 2 (2017), 110; *Titschler*, Recht auf Veröffentlichung im Spannungsverhältnis, 175.

383 *Novak* in OdW 2 (2017), 109–112.

384 *Nowotny* in *Perthold-Stoitzner*, § 106, Rn 4.

385 *Novak* in OdW 2 (2017), 112.

münden. Die allgemein gehaltenen Regelungen bzgl der Aufgaben und Pflichten der Forschenden sollen eine angemessene Flexibilität im Wissenschaftsbetrieb bei der Erbringung von Forschungsleistungen ermöglichen, ohne von der Erfüllung von Dienstpflichten zu entbinden. Es ist nicht schlüssig und widersprüchlich zur Dienstpflichterfüllung, dass eine Erfindung nach § 7 PatG vom Aufgriffsrecht der Universität nach § 106 Abs 2 entzogen wird, weil diese in ein zur Veröffentlichung geeignetes Schriftwerk gefasst wird. Die Niederschrift einer wissenschaftlichen Forschung ist eine typische Folge der Forschungsverpflichtung und Bestandteil der Forschungsaufgabe des Universitätspersonals.[386]

Eine analoge Anwendung des Aufgriffsrechts der Universität nach § 106 Abs 2 und Abs 3 auf Werke nach dem Urheberrecht ist auszuschließen, da das Urheberrecht eine solch weitreichende Zuordnung von urheberrechtlichen Werken nicht treffen will. Ableiten lässt sich dies von einer gesetzeskonformen Interpretation von Abs 2 und Abs 3 und würde andernfalls Abs 1, der selbstständigen Veröffentlichung der Universitätsangehörigen, widersprechen.[387]

Dass eine wissenschaftliche Forschung in einer Niederschrift endet bzw. die Publikationstätigkeit ein wichtiger Bestandteil in der Wissenschaft ist, zeigt sich schon im Bewerbungsprozess. Bereits bei der Bewerbung als wissenschaftliche:r Arbeitnehmer:in ist das Vorweisen einer Publikationsliste selbstverständlich, um für die ausgeschriebene Stelle in Betracht gezogen zu werden. Für eine Universität sind Publikationstätigkeiten für die Budgetverhandlungen mit dem Bund von Bedeutung. Nach **§ 13 UG 2002** schließt die Universität mit dem Bund alle drei Jahre eine Leistungsvereinbarung ab, welcher auch die von der Universität zu erbringenden Leistungen festhält. Bei den Budgetverhandlungen ist es nicht unüblich, dass Bezug auf wissenschaftliche Veröffentlichungen genommen wird. Es werden va besonders sichtbare Publikationen in international anerkannten Fachzeitschriften (von Verlagen wie zB Springer, Elsevier etc.) hervorgehoben. Mit der Leistungsvereinbarung verbunden ist auch die von der Universität zu erstellende Wissensbilanz, welche eine Rückschau des intellektuellen Vermögens, der Leistungen und des Outputs der Universitäten darstellen soll. Wissenschaftliche Publikationen sind Bestandteil des Leistungsberichts

---

386 *Novak* in OdW 2 (2017), 112.

387 *Titschler*, Das Recht auf Veröffentlichung im Spannungsverhältnis zu Drittmittelforschung, 174.

der Universität. Aufgrund dieser Pflichten wird die Forschungstätigkeit durch Publikationen von den Universitäten laufend dokumentiert (zB u:cris auf der Universität Wien).[388] Nach **§ 14 Abs 7 UG 2002** hat die Universität die Leistungen des wissenschaftlichen Personals regelmäßig, zumindest aber alle fünf Jahre, zu evaluieren. Nähere Bestimmungen sind in der Satzung der Universität geregelt. § 7 Abs 1 des Satzungsteils »Qualitätssicherung« der Universität Wien (auf Basis von § 19 Abs 2 Z 3 UG 2002) sieht zB vor, alle Leistungen in Lehre, Forschung und Verwaltung zu berücksichtigen, darunter fallen auch facheinschlägige Publikationen.[389] Nach § 7 Abs 2 wird für die Evaluierung der Forschungsleistung das Ausmaß an Forschungsaktivitäten, Forschungsoutput und ein gesellschaftlicher und wissenschaftlicher Impact herangezogen. Als »Impactfaktoren« gelten ua Publikationen und Zitierungen wissenschaftlicher Arbeiten. Für eine positive Evaluierung muss die/der Universitätsangehörige bestimmten qualitativen und quantitativen Kriterien entsprechen, wobei eine schlechte Evaluierung dienstrechtliche Konsequenzen haben kann.[390] Wissenschaftliche Publikationen sind essentiell für den Nachweis einer hervorragenden wissenschaftlichen Qualifikation zur Habilitation (§ 103 Abs 2 und Abs 3 UG) und der primäre Modus zur Sicherstellung einer transparenten Dokumentation von Forschungsleistungen, der Publizität und der Qualitätssicherung sowie des Wissenstransfers.[391] Eine transparente Evaluierung, welche die Forschung nicht inhaltlich steuert, stellt keinen Eingriff in die Wissenschaftsfreiheit dar.[392]

---

388 *Bertsch*, Nebenbeschäftigung nach dem Kollektivvertrag der Universitäten, 237; Bundesministerium Bildung, Wissenschaft und Forschung, Wissensbilanzen der österreichischen Universitäten, abrufbar unter: https://www.bmbwf.gv.at/Themen/HS-Uni/Hochschulgovernance/Steuerungsinstrumente/Wissensbilanz.html (Stand: 12.05.2023).

389 *Bertsch*, Nebenbeschäftigung nach dem Kollektivvertrag der Universitäten, 237–238; Satzung der Universität Wien, abrufbar unter: https://satzung.univie.ac.at/alle-weiteren-satzungsinhalte/qualitaetssicherung/ (Stand: 12.05.2023).

390 *Gamper*, Wissenschaftsfreiheit: Entwicklung und Herausforderungen in Zeiten des Postfaktizismus, 121; Satzung der Universität Wien, abrufbar unter: https://satzung.univie.ac.at/alle-weiteren-satzungsinhalte/qualitaetssicherung/ (Stand: 12.05.2023).

391 *Pfeil/Grimm/Schöberl*, Personalrecht der Universitäten, §106 UG, Rn 2.

392 *Pöschl* in *Körtner/Kopetzki/Druml*, 125–126.

Zusammengefasst hat die Universität als Arbeitgeberin die Möglichkeit sowie die Pflicht, die Publikations- und Vortragstätigkeiten zu beobachten, da sie auf diese auch angewiesen ist, um ihre eigenen Pflichten aus der Leistungsvereinbarung zu erfüllen und ihre Finanzierung zu sichern. Publikationen wissenschaftlicher Artikel sind eine Möglichkeit des Nachweises der Erfüllung der dienstlichen Forschungsverpflichtung und dienstlicher Aufgaben.[393]

Die Beurteilung einzelner Veröffentlichungsverpflichtungen sind nach dem jeweiligen Dienstrecht vorzunehmen, wobei der VwGH eine Weisung zur Veröffentlichung wissenschaftlicher Publikationen auf Grundlage des BDG bereits verneint und für unzulässig erklärt hat (siehe auch oben, 2. Kapitel II.B.).[394] Das Dienstrecht von Universitätsangehörigen ist seit 2002 vertraglich geregelt, weshalb in den Dienstverträgen auch häufig Publikationspflichten vorgesehen werden. Auf einfachgesetzlicher Ebene spricht insb § 97 Abs 1 UG für eine Publikationsverpflichtung der Universitätsprofessorin. Va die Verantwortung für die Forschung und Lehre nach § 97 Abs 1 UG, die Erfüllung dienstlicher Aufgaben und deren Nachweise (dazu gehören eben auch Publikationstätigkeiten) sowie die Evaluierungsaufgaben der Universität sprechen für eine (zumindest partielle) Veröffentlichungspflicht der Universitätsprofessoren:innen. Damit ist nicht gemeint, dass Universitätsprofessoren:innen alles, was sie denken und niederschreiben, veröffentlichen müssen, sondern ein gewisses Mindestmaß an Publikationen im Rahmen ihrer Tätigkeiten auf einer Universität vornehmen sollten. Das konkrete Ausmaß ist individuell anhand der jeweiligen Wissenschaft bzw. Forschungseinrichtung sowie gewisser Umstände, wie zB der Lehrbelastung, zu beurteilen.[395] Dem kann aber entgegnet werden, dass der Nachweis der dienstlichen Forschungspflicht (nach UG sowie nach dem BDG) auch anders als durch Publikationen wissenschaftlicher Artikel erbracht werden kann.[396]

Auch als Argument für eine generelle Veröffentlichungspflicht

---

393 *Bertsch*, Nebenbeschäftigung nach dem Kollektivvertrag der Universitäten, 238–240.

394 *Bertsch*, Nebenbeschäftigung nach dem Kollektivvertrag der Universitäten, 236.

395 Vgl *Muzak*, B-VG^{6}, Art 17 StGG, Rn 6; zur Zulässigkeit einer Publikationspflicht *Pfeil/Grimm/Schöberl*, Personalrecht der Universitäten, §106 UG, Rn 2.

396 VwGH 27. 6. 2012, 2011/12/0172, VwSlg 18449 A/2012.

spricht mE die explizite Veröffentlichungspflicht der Studierenden nach § 86 UG 2002. Der Gesetzgeber führt eine explizite Veröffentlichungspflicht für Studierende ua mit der Begründung ein, dass »wissenschaftliche Arbeiten sich in ihrem Wesen nach der Konfrontation zu stellen haben, weshalb eine Veröffentlichung notwendig ist«.[397] Der Zweck dieser Regelung ist die Förderung wissenschaftlicher Forschung, der Zugang der Fachöffentlichkeit zu den Ergebnissen sowie Maßnahmen gegen Plagiate.[398] Wenn schon die Werke des wissenschaftlichen Nachwuchses als derart wertvoll empfunden werden, dass diese veröffentlicht gehören, so ist es naheliegend, selbiges für die wissenschaftlichen Arbeiten von Universitätsprofessoren anzunehmen. Dass die Verfolgung dieses Zwecks für Universitätsprofessorinnen nicht gelten soll, weil eine explizite Veröffentlichungspflicht im UG fehlt, ist mE nicht nachvollziehbar und eine Differenzierung nicht sachgemäß.

Eine Veröffentlichungspflicht steht im Spannungsverhältnis zu § 106 Abs 1 UG. § 106 Abs 1 UG (sowie § 105 UG) soll das Grundrecht auf Freiheit der Wissenschaft sicherstellen. Es lässt sich aber auch argumentieren, dass § 106 Abs 1 nicht anzuwenden ist, wenn das Werk nicht veröffentlicht wird, gerade weil Abs 1 Anwendung finden soll, weil eine Veröffentlichung stattfindet und dafür als Rechtsgrundlage geeignet ist.[399] Auch die oben genannten Gründe (insb §§ 13 und 14 UG) können bei § 106 Abs 1 UG für eine Publikationspflicht herangezogen werden. Im Zusammenspiel von UG und KollV lässt sich aus der Forschungspflicht eine **generelle Publikationspflicht** ableiten, die auch in vielen »Good Scientific Practices« der Universitäten ausdrücklich festgehalten wird.[400] Zur Verfolgung des Zweckes wäre aber eine explizite Norm effektiver.

Unabhängig des Anwendungsbereichs von § 106 UG würde eine generelle Publikationsverpflichtung wohl einen Eingriff in das Grundrecht der Wissenschaftsfreiheit darstellen. Es handelt sich hierbei aber um keinen intentionalen Eingriff des Gesetzgebers. Eine Veröffentlichungsverpflichtung verfolgt das öffentliche Interesse (zB Zugang wis-

---

397 *Perthold-Soitzner*, UG 3.01, § 86, Rn 1 (Stand 1.12.2018, rdb.at).

398 *Staudegger* in ALJ 1/2018,7–8.

399 Vgl *Titschler*, Das Recht auf Veröffentlichung im Spannungsverhältnis zur Drittmittelforschung, 172–174.

400 *Muzak*, B-VG^6, Art 17 StGG, Rn 6; *Pfeil/Grimm/Schöberl*, Personalrecht der Universitäten, §106 UG, Rn 2.

senschaftlichen Erkenntnissen) und steht im Einklang mit den Aufgaben und leitenden Grundsätzen der Universität. Eine Rechtfertigung des Eingriffs lässt sich durchaus begründen, bedarf aber einer Einzelfallprüfung. Va bei der Beurteilung der Verhältnismäßigkeit sind die Auswirkungen auf die tatsächlichen Publikationsmöglichkeiten sowie die individuellen Gegebenheiten (konkrete Wissenschaft, Lehrbelastung etc) der jeweiligen Autorinnen zu berücksichtigen.

Wie schon mehrmals erwähnt, hat die Bejahung einer **Veröffentlichungspflicht nicht** zur Folge, dass das veröffentlichte Werk auch **OA** angeboten werden muss. Hätte die **Universität de lege ferenda** ein Aufgriffsrecht oder ein befristetes Anbietungsrecht an wissenschaftlichen Publikationen, so könnte sie das Werk selbst Open Access anbieten. Jedoch ist so ein Aufgriffsrecht an Publikationen, wie es an Diensterfindungen in § 106 Abs 2 und Abs 3 vorgesehen wird, nicht vorhanden und würde ebenso § 106 Abs 1 widersprechen. Hätte der Gesetzgeber gewollt, den Universitäten ein Aufgriffsrecht an wissenschaftlichen Publikationen einzuräumen, so wäre es wohl am effektivsten gewesen, dies im Zuge der Zweitverwertung vorzusehen.[401] In Deutschland wurde zudem die Schaffung einer befristeten Option der Hochschulen, sich an den wissenschaftlichen Werken Nutzungsrechte einräumen zu lassen, um diese dann Open Access anzubieten, überlegt.[402] Zwar würde es sich bei Anbietungspflichten oder Aufgriffsrechten hinsichtlich einer Zweitverwertung durch die Universität um keine (Erst-) Veröffentlichungspflicht wie nach § 86 UG handeln, doch könnte man hiermit dem Zweck des öffentlichen Interesses mit gelinderen Mitteln nachkommen (siehe auch 3. Kapitel III.).

Im Ergebnis dürfen Bestimmungen zu Veröffentlichungsrechten sowie Vorgaben zur Dissemination dieser (wie zB Open Access) nicht die der Wissenschaftsfreiheit entsprechende unbeeinflusste Entscheidungsfreiheit ungerechtfertigt einschränken. Der Wissenstransfer, die Kritikoffenheit, die meinungsbildende Funktion der Universitäten, der öffentliche Meinungsdiskurs sowie das Ansehen und die Karrierechancen der »scientifc community« sind weiterhin sicherzustellen.[403]

---

401 Vgl *Appl* in *Kucsko/Handig*, § 37a UrhG, Rn 11; *Titschler*, Das Recht auf Veröffentlichung im Spannungsverhältnis zur Drittmittelforschung, 172–174.

402 *Götting/Lauber-Rönsberg*, in OdW 3 (2017), 143.

403 *Novak* in OdW 2 (2017), 115.

B. Fachhochschulen und Privatuniversitäten?

Der Vollständigkeit halber ist zu erwähnen, dass eine studienrechtliche Veröffentlichungspflicht wie § 86 UG 2002 in § 19 Abs 3 Fachhochschulgesetz normiert ist. Analog zur Bestimmung des § 86 Abs 4 hat die Verfasserin einer wissenschaftlichen Arbeit die Möglichkeit der Sperrfrist.[404] Eine Regelung einer studienrechtlichen Veröffentlichungspflicht ist auch im Privatuniversitätengesetz vorzufinden. § 3 Abs 8 normiert, dass die Abschlussarbeiten der Absolventinnen zu übergeben und zu veröffentlichen sind. Das Lehr- und Forschungspersonal einer Privatuniversität bedarf ebenso einer fachlichen Qualifikation, deren Nachweise idR durch Publikationstätigkeiten erbracht werden können.[405]

In Anbetracht dienstrechtlicher Publikationsverpflichtungen (zB als Bestandteil eines universitären Dienstvertrages) ist es nicht abwegig, dass derartige Bestimmungen auch in den Dienstverträgen des wissenschaftlichen Personals einer Fachhochschule oder Privatuniversität vorzufinden sind.

C. Beschränkung urheberrechtlicher Verwertungsrechte auf Hochschulen?

Ein weitaus radikalerer Schritt ist der **de-lege-ferenda**-Vorschlag von **Steven Shavell** für Hochschulen. Demnach sollen urheberrechtliche Verwertungsrechte von Hochschulangehörigen im Rahmen ihrer Tätigkeit darauf beschränkt werden, dass Urhebern:innen lediglich das Recht auf Anerkennung der Urheberschaft bleibt. Anstelle urheberrechtlicher Verwertungsrechte soll der Idee nach ein reines Open-Access-System geschaffen werden. Begründet wird dies mit der allgemeinen Ratio des Urheberrechts, dass das kreative Schaffen durch die Zuerkennung von Ausschließlichkeitsrechten für den wissenschaftlichen Bereich nicht gelte.[406]

---

404 *Hauser*, FHG, Kurzkommentar Fachhochschulgesetz, 9. Auflage, 2020, § 19, Rn 12.

405 Vgl § 3 PUG; *Grimmberger/Huber* in *Walter/Brünner/Hauser* (Hrsg.), Handbuch des österreichischen Hochschulrechts, 3. Auflage, 299.

406 *Shavell*, Should Copyright of Academic Works be Abolished?, in Journal of Legal Analysis, 2010, Volume 2, Issue 1, 301–358, Rn 1; *Müller/Watt*, Copyright and Open Access for academic Works, in Review of Economic Re-

Bei derartigen Eingriffen in die Urheberrechte ist natürlich das Interesse der jeweiligen Urheber:innen – und ob eine Einschränkung des Urheberrechts gesellschaftlich wünschenswert ist – abzuwägen. Während ein solcher Schritt einige Autoren:innen davon abhalten könnte, überhaupt ein Werk zu verfassen, da ihre Motivation, ein Werk zu schaffen, in der Höhe der Tantiemen liegt, kann er für andere, die mit ihren Werken eine breite Leserschaft erreichen wollen, durchaus von Interesse sein.[407]

Nach *Shavell* sind Autoren:innen wissenschaftlicher Werke auch ohne urheberrechtliche Verwertungsrechte motiviert, ein Werk zu veröffentlichen, da deren Interesse primär im wissenschaftlichen Ansehen/der Reputation und der beruflichen Weiterentwicklung liegt. Autoren:innen versuchen ihre Arbeiten möglichst in angesehenen Zeitschriften zu publizieren sowie die Zitierbarkeit ihrer Arbeiten zu fördern, wobei diese Bemühungen häufig intensiv und aufwendig sind. Es wird viel Wert darauf gelegt, dass ein veröffentlichtes Werk von ihren Leser:innen genutzt wird, weshalb ein Verzicht bzw. eine Einschränkung der Urheberrechte vorteilhaft wäre.[408] Dem kann entgegnet werden, dass eine umfangreiche Nutzung auch zu bewerkstelligen ist, wenn die Werke zB auf der eigenen Website zur Verfügung gestellt werden. Websites wie SSRN ermöglichen eine weltweite Dissemination der Werke und liefern zB Auskunft darüber, wie häufig das Werk »gedownloadet« wurde. Neben der breiten Nutzung geht es wissenschaftlichen Autoren:innen nämlich um die Qualität der Zeitschriften, die durch die freie Verfügbarkeit eines Werkes auf der eigenen Website nicht nachgebildet werden kann. Eine implizierte Qualitätsbestätigung, die durch die Veröffentlichung des Werkes in der Zeitschrift X geboten wird, ist für wissenschaftliche Autoren:innen vermutlich bedeutender als die Anzahl der Leserinnen.[409]

Shavell argumentiert auch, dass Autoren:innen wissenschaftlicher Werke in der Praxis nur geringe Einnahmen aus den Veröffentlichungen erzielen, dies daher keine große Rolle in der Veröffentlichungsentschei-

---

search on Copyright Issues, 2010, vol. 7(1), 45–65; *Götting/Lauber-Rönsberg* in OdW 3 (2017), 143.

407 *Shavell*, Should Copyright of Academic Works be Abolished ?, Rn 39–42.

408 *Shavell*, Should Copyright of Academic Works be Abolished ?, Rn 44–46.

409 *Müller/Watt*, Copyright and Open Access for academic Works, 48.

dung der Autorinnen spielt.[410] Dieses Argument ist in der Rechtswissenschaft wohl verfehlt; ohne eine intrinsische Motivation werden die wenigsten Juristen:innen zB an einem umfangreichen Kommentar mitwirken, wenn sie nicht mehr wirtschaftlich davon profitieren können oder sogar gezwungen sind, für Open Access zu bezahlen.[411]

Die Verlage selbst würden in einer derartigen Konstellation aber sehr wahrscheinlich höhere Publikationsgebühren vorsehen. Wenn die wissenschaftlichen Werke nicht urheberrechtlich geschützt und frei verfügbar sind, können die Verlage von Nutzerinnen kein/kaum Geld für die Nutzung verlangen. Daher würden die Verlage die ihnen entstandenen Kosten für die Erstveröffentlichung (zB Peer-Review, Bearbeitung des Werkes etc.) aus einer anderen Quelle als Lesegebühren decken wollen.[412] Wenn die Publikationskosten von den Autorinnen getragen werden sollen (häufig zahlt diese die Universität oder ein/e Forschungsförderer:in), würde das Interesse am Publizieren wieder sinken. Verlage könnten sich aber auch Geld sparen, da es keinen Bedarf an rechtlichem Schutz des Urheberrechts geben würde. Die Verlage hätten nicht sicherzustellen, dass die Autoren:innen ihnen auch ausreichende Verwertungsrechte eingeräumt haben, Nutzungsvertragsverhandlungen führen (auch wenn diese idR Standardverträge sind) oder Urheberrechtsverletzungen nachgehen.[413]

Der primäre gesellschaftliche Vorteil der Abschaffung/Einschränkung urheberrechtlicher Verwertungsrechte wäre aber natürlich die freie Verfügbarkeit wissenschaftlicher Werke. Eine Open-Access-Nutzung iSd freien, unbeschränkten und kostenlosen Zugangs zu wissenschaftlicher Information wäre ohne rechtliche Bedenken möglich.[414]

Zwar würde diese altruistische Option die Open-Access-Bewegung mehr als stärken, ist jedoch in Anbetracht der Verpflichtungen auf Basis urheberrechtlicher Abkommen wie der RBÜ, TRIPS oder WIPO Copyright Treaty nicht realistisch.[415] Die Umsetzung dieser Option ist ohne eine Novellierung des nationalen sowie internationalen Urheber-

---

410 *Shavell*, Should Copyright of Academic Works be Abolished?, Rn 46–47.

411 *Rux*, Open Access in Academic Publishing on Law and Jurisprudence, verfassungsblog.de 7.

412 Shavell, Should Copyright of Academic Works be Abolished?, Rn 48–49.

413 *Shavell*, Should Copyright of Academic Works be Abolished?, Rn 53–60.

414 *Shavell*, Should Copyright of Academic Works be Abolished?, Rn 76.

415 *Götting/Lauber-Rönsberg* in OdW 3 (2017), 143.

rechts auszuschließen.[416] Die meisten *de-lege-ferenda*-Vorschläge (wie zB in Deutschland die Anbietungspflicht wissenschaftlicher Werke von Hochschulangehörigen) wurden aufgrund verfassungsrechtlicher Bedenken sowie Zweifel an der Vereinbarkeit mit den maßgeblichen urheberrechtlichen Richtlinien dann doch verworfen.[417]

III. Der Fall der Universität Konstanz

Die Idee der hochschulrechtlichen Publikations- oder Anbietungspflicht auf Basis der Zweitverwertung wird im deutschen Bundesland Baden-Württemberg verfolgt. Dabei handelt es sich um einen Versuch des Landes, Open Access zu Forschungsergebnissen voranzubringen.[418] Das Zweitverwertungsrecht (§ 37a UrhG, oder § 38 Abs 4 dUrhG) ermöglicht wissenschaftlichen Autoren:innen ihr Werk »zweitzuverwerten« und stärkt somit deren Rechtsposition. In Baden-Württemberg ist am 9. 4. 2014 eine hochschulrechtliche Zweitverwertungspflicht gemäß § 44 Abs 6 des BWLHG in Kraft getreten.[419] Nach § 44 Abs 6 BWLHG sollen die **Hochschulen die Angehörigen ihres wissenschaftlichen Personals** durch Satzung **verpflichten,** ihr **Zweitveröffentlichungsrecht** wahrzunehmen. § 44 Abs 6 geht neben der Pflicht zur Zweitveröffentlichung weiter als das Zweitveröffentlichungsrecht nach § 38 Abs 4 dUrhG, da es nicht auf die »öffentliche Förderung« abstellt (Unterschied zu § 37a UrhG, welches auf die öffentlich finanzierte Einrichtung abstellt), sondern an die Diensttätigkeiten der Hochschulmitarbeiterinnen anknüpft.[420] Zu den Grenzen des OA-Prinzips heißt es in der Präambel, dass Ausnahmen unter Berücksichtigung der Wissenschaftsfreiheit möglich sind. Daneben kann von der Zweitveröffentlichung abgesehen werden, wenn berechtigte Interessen der Urheber:innen verletzt werden.[421] Angesichts der Unklarheiten und Schwierigkeiten des Zweitver-

---

416 Shavell, Should Copyright of Academic Works be Abolished ?, Rn 95f.

417 Götting/Lauber-Rönsberg, in OdW 3 (2017), 143; Hansen, Zugang zu wissenschaftlicher Information – alternative urheberrechtliche Ansätze, GRUR Int 2005, 378f.

418 Haug in OdW 2 (2019), 89.

419 *Götting/Lauber-Rönsberg,* in OdW 3 (2017), 145.

420 *Haug* in OdW 2 (2019), 90.

421 *Höpfner/Amschewitz,* Die Zweitveröffentlichungspflicht im Spannungsfeld von Open-Access-Kultur und Urheberrecht, NJW 2019, 2967.

öffentlichungsrechts ist auf das obige Kapitel zu verweisen, da zB das Problem der Rechtsdurchsetzung auch in Deutschland greift. § 44 Abs 6 BWLHG begründet eine Soll-Pflicht für Hochschulen, da diese ihr Personal zur Zweitveröffentlichung verpflichten sollen, und steht somit vor unions- und verfassungsrechtlichen Bedenken.[422] Verfechter des § 44 Abs 6 BWLHG bringen vor, dass die Bestimmung eine Urheberrechtsschranke darstellt, welche nicht unter den abschließenden Katalog der gesetzlichen Lizenzen nach Art 5 Abs 3 UrhRL subsumiert werden kann. Das Zweitveröffentlichungsrecht ist aber keine Einschränkung, sondern eine Erweiterung der Rechte der Urheber:innen. Während das Zweitveröffentlichungsrecht aber »nur« ein Recht einräumt, sieht §44 Abs 6 BWLHG eine Verpflichtung vor und ist überschießend. Den Interessen der Rechteinhaber:innen wird nicht im gebotenen Maße Rechnung getragen.[423] Das im UrhG normierte Zweitveröffentlichungsrecht bildet die äußerste Grenze der Zweitveröffentlichung, welche durch eine Pflicht überschritten wird.[424] Des Weiteren wird die fehlende Gesetzgebungskompetenz des Landes beanstandet, da es um die Normierung einer an die (deutsche) bundesgesetzliche Option des Zweitveröffentlichungsrechts anknüpfende dienstrechtliche Pflicht geht. Der Regelungsgegenstand ist urheberrechtlicher Natur, dessen Gesetzgebungskompetenz beim Bund liegt.[425]

Der Schwerpunkt dieses Falls liegt im Verfassungsrecht, und zwar in der Einschränkung der Freiheit der Wissenschaft sowie der Eigentumsgarantie der Urheber:innen. Die Eigentumsgarantie wird nicht durch § 38 dUrhG eingeschränkt (sondern erweitert), aber sehr wohl durch § 44 Abs 6 BWLHG,[426] va weil dadurch die Urheber:innen verpflichtet werden, ihr wissenschaftliches Werk ohne finanzielle Kompensation der Hochschule zur Verfügung zu stellen, weshalb vermögenswerte Ergebnisse der schöpferischen Leistungen eingeschränkt werden. Das bloße Interesse der Allgemeinheit am ungehinderten Zugang zu den Werken sei nicht ausreichend, einen Vergütungsanspruch auszuschließen, weshalb der Eingriff auch nicht verhältnismäßig sei. Mit einer Zweitveröf-

422 *Haug* in OdW 2 (2019), 91.
423 *Haug* in OdW 2 (2019), 92; *Höpfner/Amschewitz,* Zweitveröffentlichungspflicht, 2973.
424 *Höpfner/Amschewitz,* Zweitveröffentlichungspflicht, 2968f.
425 *Haug* in OdW 2 (2019), 92.
426 *Höpfner/Amschewitz,* Zweitveröffentlichungspflicht, 2970.

fentlichungspflicht kann auch das Grundrecht der Berufsfreiheit des Wissenschaftsverlages eingegriffen werden, wobei das öffentliche Interesse dies rechtfertigt.[427]

Neben einer Zweitveröffentlichungspflicht wird in § 44 Abs 6 BWLHG auch das Hochschul-Repositorium als Ort der Veröffentlichung vorgesehen. Somit können die Autoren:innen nicht unbeschränkt selbst über Ort und Modalität der Veröffentlichung entscheiden, weshalb ein Eingriff in das Grundrecht der Wissenschaftsfreiheit vorliegt (in D nach Art 5 Abs 3 deutsches Grundgesetz).[428] Das deutsche Grundrecht der Wissenschaftsfreiheit ist juristisch nicht so einfach vergleichbar mit dem der anderen Staaten, va auch aufgrund seiner nationalen Verfassungshistorie.[429] Eine vertiefende Prüfung bzw Unterscheidung dieses Grundrechts wird in dieser Arbeit nicht vorgenommen. Dennoch kann in Deutschland ein Eingriff in die Wissenschaftsfreiheit gerechtfertigt sein, wenn es auf einer verfassungsimmanenten Schranke beruht (abgewogen werden lediglich die Grundrechtspositionen anderer oder sonstige Rechtsgüter vom Verfassungsrang).[430] In Österreich können Grundrechte ohne Gesetzesvorbehalt auch innerhalb der Schranken der allgemeinen Gesetze ausgeübt werden (»immanente Grundrechtsschranken«).[431] Die Wissenschaftsfreiheit kann zB ua in urheber-, patent-, dienst- oder arbeitsrechtlichen Beschränkungen ihre Grenzen finden, sofern diese Grenzen nicht gerade für die Forscher:innen bzw. deren Forschungstätigkeit errichtet worden sind. Derartige Beschränkungen sind nach hA zulässig, sofern sie zur Erreichung eines öffentlichen Interesses geeignet, erforderlich und verhältnismäßig sind.[432] Es bedarf einer Grundrechtsprüfung, wobei der Eingriff nicht unverhältnismäßig sein darf. Hinzu kommt die Überlegung, ob generelle Veröffentlichungspflichten auch tatsächlich zu den Dienstpflichten einer Universitätsprofessorin gehören oder nicht (auf Grundlage von § 97

---

427 *Höpfner/Amschewitz*, Zweitveröffentlichungspflicht, 2972.

428 *Haug*, in OdW 2 (2019)93.

429 *Hartmann*, Zwang zum Open Access-Publizieren? Der rechtliche Präzedenzfall ist schon da!, LIBREAS, Library Ideas, 32 (2017), 7.

430 *Haug*, in OdW 2 (2019), 93.

431 Vgl VfSlg 13.978; *Muzak*, B-VG[6], Art 17 StGG, Rz 5 (Stand 1.10.2020, rdb.at); *Öhlinger/Eberhard*, Verfassungsrecht, Rz 925.

432 *Pöschl* in *Körtner/Kopetzki/Druml*, 128–129.

UG 2002 mE nach durchaus geeignet).[433] Eine Zweitveröffentlichungspflicht sowie die Open-Access-Forderung werden häufig mit einem öffentlichen Interesse aufgrund der staatlichen Finanzierung begründet. Ob eine staatliche Finanzierung als verfassungsimmanente Schranke in Betracht gezogen werden kann, wird in Deutschland verneint.[434]

Im Dezember 2015 hat die **Universität Konstanz** auf Grundlage des novellierten BWLHG als erste Hochschule Deutschlands eine **Zweitveröffentlichungspflicht** (und somit auch ein OA-Mandat) in ihrer Satzung (rechtlich verbindlich) verankert. Daraufhin sind 17 Professoren:innen (überwiegend aus der juristischen Fakultät) der Universität Konstanz dagegen vor Gericht gezogen, wobei der Fall seit September 2016 dem deutschen Bundesverfassungsgericht vorliegt. Mit einer Normenkontrollklage wird va ein unzulässiger Eingriff in das Grundrecht der Wissenschaftsfreiheit (Art 5. Abs 3 des deutschen Grundgesetzes) vorgebracht. Somit können die obersten Verfassungshüter wohl den Rahmen für grundlegende Fragen von Open Access, elektronischem Publizieren und Urheberrecht abklären und die Weichen für Open Access stellen. Wenn die Open-Access-Pionierbestimmung der verfassungsrechtlichen Prüfung standhalten kann, könnte ein Domino-Effekt in anderen deutschen Bundesländern eintreten. Das Ergebnis ist auch für außeruniversitäre Einrichtungen von Bedeutung, da diese derartige Pflichten in den Arbeitsverträgen verankern könnten.[435]

Wie das deutsche Bundesverfassungsgericht entscheiden wird, ist kaum zu prognostizieren. Es ist noch unklar, ob sich das Bundesverfassungsgericht inhaltlich überhaupt mit der Klage beschäftigt oder ihre Prüfung »nur« auf die Zuständigkeitsfrage beschränkt. Der Fall liegt bei den Verfassungshüter:innen, weil die Richterinnen des Verwaltungsgerichtshofs Baden-Württemberg diese Zuständigkeitsfrage dem Bundesverfassungsgericht vorgelegt haben. Demnach könnte § 44 Abs 6 BWLHG für verfassungswidrig erklärt werden, ohne dass es zu einer gerichtlichen Beurteilung der Rechtsfragen rund um Publikationspflichten, OA und Wissenschaftsfreiheit kommt.[436]

---

433 *Götting/Lauber-Rönsberg*, in OdW 3 (2017), 145.
434 *Haug*, in OdW 2 (2019), 93.
435 *Hartmann*, Zwang zum Open Access-Publizieren?, 1–7.
436 *Hartmann*, Zwang zum Open Access-Publizieren?, 8–9.

IV. Das Recht zur Teilhabe an wissenschaftlichen Errungenschaften?

Wie eingangs erläutert, hat die OA-Forderung durch die COVID-19-Pandemie erneut an Fahrt aufgenommen. Diese Forderung ist auch im **Ausschuss für wirtschaftliche, soziale und kulturelle Rechte der Vereinten Nationen** (CESCR – Commitee on Economic, Social and Cultural Rights) angekommen, wonach dieser seine Mitgliedsstaaten zur Förderung von OA aufruft. In den **Allgemeinen Bemerkungen Nr. 25 (2020)** befasst sich der Ausschuss, inmitten der Pandemie, mit **Artikel 15** des **Paktes über wirtschaftliche, soziale und kulturelle Rechte**, wonach jeder Mensch das Recht hat, an den Errungenschaften des wissenschaftlichen Fortschritts und seiner Anwendung teilzuhaben.[437] Die Wichtigkeit der Verfügbarkeit und Verbreitung wissenschaftlicher Erkenntnisse für breite Teile der Gesellschaft wurde durch die jüngsten Debatten über »Fake News« und Desinformation verdeutlicht.[438] Eine Open-Access-Verbreitung wissenschaftlicher Werke fördert das Ziel, den Zugang zu wissenschaftlichen Erkenntnissen der Bevölkerung zur Verfügung zu stellen.[439]

Bisher hat Art 15 in der Praxis nur eine marginale Rolle gespielt. Das liegt va auch daran, dass die Bestimmungen des Paktes rechtlich nicht bindend sind und die Bestimmungen systematisch in den nationalen Rechtsordnungen der Vertragsstaaten verankert werden müssen. Im Pakt selbst sind **keine direkten Durchsetzungsverfahren** vorgesehen, sondern bloß ein Berichtssystem. Daher ergeben sich aus den im Pakt genannten Rechten auch keine unmittelbaren subjektiven Rechte. Die Paktziele sind schrittweise umzusetzen und mittels Berichts über die einzelnen Schritte an den Ausschuss zu übermitteln. Die Kontrolle dieses Pakts obliegt dem Wirtschafts- und Sozialrat der Vereinten Nationen, also einem politischen Hauptorgan. Eine effektive Verfolgung der Ziele bedarf einer Überprüfung der Rechtsordnung des Vertragsstaates,

---

437 Vereinte Nationen, Wirtschafts- und Sozialrat, Ausschuss über wirtschaftliche, soziale und kulturelle Rechte, Allgemeine Bemerkung Nr. 25 (2020), Rn 1–3; *Kunz,* Opening Access, Closing the Knowledge gap? 23–24.

438 Vereinte Nationen, Wirtschafts- und Sozialrat, Allgemeine Bemerkung Nr. 25 (2020), Rn 16, 49,62; *Kunz,* Opening Access, Closing the Knowledge gap? 25.

439 *Skre/Eide,* The Human Right to Benefit from Advances in Science and Promotion of Openly Accessible Publications, in NJHR 31:3 (2013), 453.

um allfällige Lücken oder Abweichungen beseitigen zu können.[440] Österreich ist im Rahmen der Vereinten Nationen seit 1978 Vertragspartei des Menschenrechtsübereinkommens »Internationaler Pakt über wirtschaftliche, soziale und kulturelle Rechte«.[441] Hinsichtlich der Menschen- bzw. Grundrechte hat der Staat die Pflicht, die betroffenen Rechte zu respektieren, zu achten und zu gewährleisten. Die wirtschaftlichen, sozialen und kulturelle Rechte werden jedoch nicht unmittelbar, sondern schrittweise umgesetzt.[442]

Art 15 des Sozialpakts besagt, dass nach **Abs 1 lit b** die Vertragsstaaten das Recht anerkennen, **jeden an den Errungenschaften des wissenschaftlichen Fortschritts und seiner Anwendung teilhaben** zu lassen. Nach Abs 2 haben die Vertragsstaaten Schritte zur vollen Verwirklichung dieses Rechts Maßnahmen zur Erhaltung, Entwicklung und Verbreitung von Wissenschaft und Kultur vorzunehmen. Die Freiheit, die mit der wissenschaftlichen Forschung und schöpferischen Tätigkeit einhergeht, ist nach Abs 3 zu achten. Die Vertragsstaaten erkennen die Vorteile an, die sich aus der Förderung und Entwicklung internationaler Kontakte und Zusammenarbeit auf wissenschaftlichem und kulturellem Gebiet ergeben (Abs 4).

In den **Allgemeinen Bemerkungen Nr. 25** orientiert sich der CESCR explizit am **OA-Vokabular**. Vertragsstaaten sollen eine offene Wissenschaft und die Veröffentlichung von Forschungsergebnissen nach dem Prinzip des freien Zugangs fördern. Staatlich finanzierte Forschungsergebnisse und -daten sollen der Öffentlichkeit zugänglich sein. Der Ausschuss fordert die Staaten auf, vorrangig alle ihm zur Verfügung stehenden Ressourcen und vertretbaren Anstrengungen zu unternehmen, um einen gleichberechtigten und offenen Zugang zu wissenschaftlicher Literatur zu gewähren. Das bedeutet jedoch noch nicht, zwingende Open-Access-Policies einzuführen, sondern OA zu fördern. Der Ausschuss stellt klar, dass Art 15 Abs 2

---

440 *Neuhold/Hummer/Schreuer*, Handbuch des Völkerrechts, Band 1 – Textteil, 1388; *Kunz*, Opening Access, Closing the Knowledge gap? 25–26.

441 Bundeskanzleramt, Internationaler Pakt über wirtschaftliche, soziale und kulturelle Rechte (CESCR), abrufbar unter: https://www.bundeskanzleramt.gv.at/agenda/verfassung/grund-und-menschenrechte/un-menschenrechtsschutz/cescr.html (Stand: 12.05.2023).

442 *Skre/Eide*, The Human Right to Benefit from Advances in Science and Promotion of Openly Accessible Publications,430–431.

die Förderung von OA als Maßnahme zur Verbreitung von Wissenschaft umfasst.[443]

Angelehnt an die Argumente der OA-Bewegung stellt der CESCR fest, dass das Recht auf Wissenschaft im Prinzip verlangt, dass öffentlich finanzierte Forschungsergebnisse Open Access verbreitet werden. Zur Verbreitung der Wissenschaft bedarf es nach dem CESCR auch infrastruktureller Maßnahmen und ausreichender Ressourcen. Bibliotheken, Museen sowie Internetnetzwerke gelten als Instrumente für die Verbreitung der Wissenschaft und sollen von den Staaten angemessen unterstützt werden. Somit wird auch der Bevölkerung der Zugang zur Wissenschaft ermöglicht. Im Informationszeitalter sind Grundkenntnisse der Wissenschaft, ihre Methoden und ihre Ergebnisse Grundvoraussetzungen für Bürgermündigkeit und notwendig für die Ausübung anderer Rechte, wie zB Zugang zu menschenwürdiger Arbeit.[444]

Zu kritisieren ist, dass der CESCR sich mit den unterschiedlichen Open-Access-Modellen nicht näher auseinandergesetzt hat. Er ist der Ansicht, dass OA, unabhängig vom Modell, nur Vorteile bringt. Zwar werden die Vorteile von OA nicht bestritten, doch birgt OA, je nach Modell, auch Gefahren insb für die einzelnen Rechte der Urheber:innen. »Gold-OA« ermöglicht zwar einen Zugang zur Erstveröffentlichung, ist aber oft mit sehr hohen Publikationskosten verbunden und könnte auch zu Ungleichheiten führen. Während der grüne Weg häufig von zahlreichen gemeinnützigen oder öffentlichen Akteuren betrieben wird, liegt das Geschäftsmodell des goldenen Weges häufig in der Hand weniger mächtiger privater Verlage.[445]

Abschließend bleibt festzuhalten, dass die **Bestimmungen des Art 15 nicht verbindlich sind, sondern als Empfehlungen zu verstehen.** Die Allgemeinen Bemerkungen Nr. 25 des CESCR führen die Bestimmungen und die Ziele des Art 15 näher aus, woran sich die Mitgliedsstaaten orientieren sollen. Mit der Einführung des Zweitveröffentlichungsrechts und der nationalen OA-Initiativen wird in Österreich die Verbreitung und Nutzung wissenschaftlicher Werke in Open Access, auch ohne eine

---

443 Vereinte Nationen, Wirtschafts- und Sozialrat, Allgemeine Bemerkung Nr. 25 (2020), Rn 16,51; Kunz, Opening Access, Closing the Knowledge gap? 34–35.

444 Vereinte Nationen, Wirtschafts- und Sozialrat, Allgemeine Bemerkung Nr. 25 (2020), Rn 16, 49; Kunz, Opening Access, Closing the Knowledge gap? 36, 45.

445 *Kunz*, Opening Access, Closing the Knowledge gap? 40.

Pflicht, bereits intensiv verfolgt. Ob diese Maßnahmen bereits zur Verfolgung der Ziele des Paktes über wirtschaftliche, soziale und kulturelle Rechte (insb Art 15 Abs 1) ausreichend sind, wird sich wohl erst in einigen Jahren in den abschließenden Bemerkungen des CESCR zum Bericht Österreichs zeigen.[446]

446 Vgl Bundesministerium für Europäische und internationale Angelegenheiten, Österreichische Staatenberichte, abrufbar unter: https://www.bmeia.gv.at/themen/menschenrechte/oesterreichische-staatenberichte/ (Stand: 12.05.2023), sowie Bundeskanzleramt, Internationaler Pakt über wirtschaftliche, soziale und kulturelle Rechte (CESCR), abrufbar unter: https://www.bundeskanzleramt.gv.at/agenda/verfassung/grund-und-menschenrechte/un-menschenrechtsschutz/cescr.html (Stand: 12.05.2023).

4. Resümee

Open Access ist die Idee des freien, unbeschränkten und kostenlosen Zugangs zu wissenschaftlicher Information im Internet. Va die unzähligen und anhaltenden Krisen der letzten Jahre haben die Forderung des Open Access beflügelt, was auch durch die Strategien und Empfehlungen in Europa, in den USA sowie des Wirtschafts- und Sozialrates der Vereinten Nationen zum Ausdruck gebracht werden (siehe 1. Kapitel). Die Idee des Open Access trifft auf rechtliche Spannungsfelder wie das Urheberrecht und die verfassungsrechtlich gewährleisteten Grundrechte. Das Urheberrecht schützt weder Ideen noch wissenschaftliche Theorien. Der Schutz der wissenschaftlichen Information ist von seiner Verkörperung abhängig (wie zB Sprachwerk nach § 2 Z 1 UrhG). Die Open-Access-Forderung umfasst va die klassischen wissenschaftlichen Publikationen in Schriftform nach § 2 UrhG und Forschungsdaten (urheberrechtlicher Schutz abhängig von der konkreten Erscheinungsform) (siehe 2. Kapitel I.A). Dem/der Urheber:in eines Werkes stehen die Verwertungsrechte § 14 bis 18a UrhG zu, welche auch an Dritte übertragen werden können (siehe 2. Kapitel I.B.3). Freie Werknutzungen bzw. gesetzliche Lizenzen schränken das Urheberrecht zu Gunsten der Interessen der Allgemeinheit ein, wobei für die »scientific community« insb das Vervielfältigungsrecht für Forschungszwecke nach § 42 Abs 2, der Bildungseinrichtungen nach § 42 Abs 6, das Zitatrecht nach § 42f, die digitale Nutzung in der Lehre nach § 42g sowie Text- und Datamining nach §42h von Bedeutung sind (siehe 2. Kapitel I.B.4). Aus den gesetzlichen Nutzungsrechten kann jedoch keine derart umfangreiche Nutzung iSd OA abgeleitet werden. Um OA-Nutzung wissenschaftlicher Informationen im Internet zu ermöglichen, bedarf es einer umfassenden Einräumung von Nutzungsrechten durch den/die Urheber:in. Der Kern der Rechteeinräumung iSd Open Access liegt im Urhebervertragsrecht. Mithilfe von Standardlizenzen (Werknutzungsbewilligungen nach § 24 Abs 1 UrhG) können Autoren:innen sämtlichen Interessierten Nutzungsrechte einräumen. Es eignen sich va die Lizenzmodelle der Creative Commons, wobei die CC-BY Lizenz eine maximale Verbreitung und Nutzung des lizenzierten Inhalts ermöglicht (siehe 2. Kapitel I.C.3).

Die Open-Access-Forderung kann ua einen Eingriff in die verfassungsrechtlich gewährleisteten Rechte der Wissenschaftsfreiheit (nach Art 17 StGG) sowie in das Eigentumsrecht (nach Art 5 StGG) darstellen. Das konkrete Ausmaß des Eingriffs sowie ob eine Rechtfertigung möglich ist, unterliegt stets einer Einzelfallprüfung. Für eine Rechtfertigung bedarf es idR eines öffentlichen Interesses und einer Verhältnismäßigkeitsprüfung. Auch das Grundrecht auf Datenschutz kann betroffen sein, wenn im wissenschaftlichen Werk personenbezogene Daten verarbeitet werden und das Werk auch OA nutzbar sein soll (siehe 2. Kapitel II).

Im Urheberrecht gibt es keine explizite Veröffentlichungspflicht, sondern ein allgemeines Veröffentlichungsrecht des/der Urhebers:in, um ein Werk einer breiten Öffentlichkeit zugänglich zu machen. Da die OA-Forderung auf die Verbreitung im Internet abzielt, ist die Unterscheidung zwischen »Veröffentlichen« und »Erscheinen« iSd UrhG von Belang (siehe 3. Kapitel I.A). Als gesetzlichen Ausgleich und zur Verfolgung des »grünen Weges« hat der Gesetzgeber 2015 das Zweitverwertungsrecht nach § 37a UrhG eingeführt. Danach haben Urheber:innen das Recht, einen wissenschaftlichen Beitrag, der von ihnen als Angehörige einer öffentlichen Forschungseinrichtung geschaffen wurde und in einer periodischen Sammlung erschienen ist, nach einer Embargofrist von einem Jahr im Wege des Open Access zweitzuverwerten. Es soll verhindert werden, dass mit öffentlichen Geldern geförderte Ergebnisse von den Wissenschaftsverlagen »freigekauft« werden müssen, wenn diese zweitverwertet werden sollen. § 37 a UrhG ist aufgrund des eingeschränkten Anwendungsbereichs jedoch nicht ausreichend zur Verfolgung des Ziels (Entlastung des Etats der Einrichtungen, Verhinderung doppelter Bezahlung, Förderung des Zugangs zu wissenschaftlichen Informationen). Es handelt sich hier um keine Pflicht, das Werk auch zweitverwerten zu müssen. Ein Aufgriffsrecht der Universität am wissenschaftlichen Werk, eine Veröffentlichungspflicht oder auch Zweitverwertungspflichten wären zur Erreichung des Zieles wohl effektiver (siehe 3. Kapitel I.B).

Veröffentlichungspflichten sind aber häufig Bestandteil von Förderbedingungen (zB Horizon Europe, FWF etc) oder auch in den Dienstverträgen der Universitätsangehörigen enthalten. Forschungsförderungen sind an die unterschiedlichsten Bedingungen geknüpft, deren Ausgestaltung von Fördergebern abhängig ist. Wenn die Drittmittelforschung eine freie, unabhängige und nicht interessensgeleitete Forschung gewährt, können auch Vorgaben zur Verbreitung der Forschungsergebnisse, wie zB OA-Pflichten, erlaubt sein, sofern es sich um rein formelle und keine inhaltlichen Rahmenbedingungen handelt (siehe 3. Kapitel I.C.). Im Rahmen des Studienrechts ist in § 86 UG (auch in § 19 Abs 3 FhStg und § 3 Abs 8 PUG) eine explizite Veröffentlichungspflicht von wissenschaftlichen Arbeiten der Studierenden normiert. Begründet wird dies vom Gesetzgeber damit, dass »wissenschaftliche Arbeiten sich in ihrem Wesen nach der Konfrontation zu stellen haben, weshalb eine Veröffentlichung notwendig ist«. Zweck dieser Regelungen ist die Förderung der Ergebnisse sowie Maßnahmen gegen Plagiate. § 86 Abs 1 letzter Satz gestattet es den Universitäten auch, eine Open-Access-Pflicht in ihren Satzungen zu bestimmen. Wenn die Universität eine derartige Pflicht einführen möchte, so ist die Ausgestaltung der Satzung auf Inhalt, Kosten, Nutzungsrechte und Ausnahmeregelungen hinreichend zu bestimmen und hat verhältnismäßig zu sein (siehe 3. Kapitel II.A.1 und II.B).

Für das wissenschaftliche Personal der Hochschulen ist eine derartige Veröffentlichungspflicht nicht im Gesetz vorgesehen, weshalb va die Rechte und Pflichten des wissenschaftlichen Personals nach den einschlägigen Normen, insb nach dem Dienstrecht, zu beurteilen sind. In § 97 UG 2002 (sowie in § 165 BDG und § 25 Abs 2 des Kollektivvertrages der Universitäten) werden die Aufgaben der Universitätsprofessoren:innen knapp beschrieben, wonach diese für die Forschung und die Lehre in ihrem Fachgebiet (zumindest nach § 97 UG 2002) verantwortlich sind. Nähere Konkretisierungen der Aufgaben erfolgen häufig in Dienstverträgen und Zielvereinbarungen der Universitäten, wobei Publikationspflichten nicht unüblich sind. Zwar soll die allgemeine Formulierung eine ausreichende Flexibilität der wissenschaftlichen Tätigkeit ermöglichen, dennoch sind die leitenden Grundsätze und Aufgaben der Universität zu berücksichtigen, da va die im UG festgehaltenen Aufgaben und Ziele auf einen gemeinschaftlichen Erkenntnisgewinn abstellt. Die Niederschrift einer wissenschaftlichen Forschung ist eine typische Folge der Forschungsverpflichtung und Bestandteil der Forschungsaufgabe. Publikationstätigkeiten werden auch für die Evaluierung des Personals durch die Universität als Maßnahme der »Qualitätssicherung« herangezogen, um ihre eigenen Pflichten aus der Leistungsvereinbarung mit dem Bund zu erfüllen und ihre Finanzierung zu sichern. Veröffentlichungspflichten werden häufig in Dienstverträgen festgehalten, wobei auf einfachgesetzlicher Ebene die Verantwortung für Forschung und Lehre nach § 97 Abs 1 UG für eine Publikationspflicht der Universitätsprofessoren:innen sprechen kann. Neben der Erfüllung dienstlicher Aufgaben und deren Nachweis können die Evaluierungsaufgaben der Universität zur Argumentation herangezogen werden. Damit ist nicht gemeint, dass Universitätsprofessoren:innen sämtliche Niederschriften veröffentlichen müssen, sondern ein gewisses Mindestmaß an Publikationen im Rahmen ihrer Tätigkeiten auf einer Universität vornehmen sollten. Das konkrete Ausmaß ist individuell anhand der jeweiligen Wissenschaft sowie Umstände wie zB der Lehrbelastung zu beurteilen. Darüber hinaus erscheint eine Differenzierung zwischen einer Publikationspflicht des Universitätspersonals und einer Veröffentlichungspflicht der Studierenden nicht nachvollziehbar, auch wenn eine explizite Norm zielführender wäre. Nach § 106 Abs 1 UG haben die Universitätsangehörigen das Recht, eigene wissenschaftliche Arbeiten selbstständig zu veröffentlichen und unterliegen keiner Einschränkung durch Zustimmungsvorbehalte des Dienstvorgesetzten. Gewisse Einschränkungen sowie Aufgriffsrechte (Abs 2) sind jedoch möglich, wobei das Aufgriffsrecht nicht auf wissenschaftliche Werke analog anwendbar ist. Diese Regelung könnte im Widerspruch zu einer generellen Publikationspflicht stehen, wobei aber auch argumentiert werden kann, dass § 106 Abs 1 UG nicht anzuwenden ist, wenn nicht veröffentlicht wird. Auch das Zusammenspiel von UG und KollV spricht für eine Publikationspflicht von wissenschaftlichen Mitarbeitern als Bestandteil der Forschungspflicht. Selbst wenn man eine generelle Veröffentlichungspflicht befürworten würde, hat dies aber nicht zur Folge, dass das Werk auch Open Access angeboten werden muss (siehe 3. Kapitel II.2). Ein Verzicht der Hochschulen auf urheberrechtliche Verwertungsrechte zugunsten eines reinen Open-Access-Systems, wie es Steven Shavell vorschlägt, ist ohne eine Änderung der nationalen und internationalen Urheberrechtsnormen nicht realistisch (siehe 3. Kapitel II.C.).

Die Idee der Publikations- oder Anbietungspflicht auf Basis der Zweitverwertung wird in Baden-Württemberg, Deutschland, verfolgt. Hier hat das Land 2015 eine Zweitverwertungspflicht in § 44 Abs 6 BWLHG vorgesehen, auf deren Basis die Universität Konstanz diese Pflicht in ihrer Satzung verankert hat. Ob eine Zweitveröffentlichungspflicht verfassungsrechtlich zulässig ist, hat das deutsche Bundesverfassungsgericht zu entscheiden, wobei der Ausgang dieses Verfahrens einen Domino-Effekt auf die Open-Access-Landschaft haben kann, sofern sich das Gericht inhaltlich mit dem Fall beschäftigt (siehe 3. Kapitel III).

Auch der Ausschuss für wirtschaftliche, soziale und kulturelle Rechte der Vereinten Nationen hat sich während der Pandemie erneut mit der Förderung von Open Access auseinandergesetzt. In seinen Allgemeinen Bemerkungen Nr. 25 zu Art 15 Abs 1 des Paktes über wirtschaftliche, soziale und kulturelle Rechte werden die Mitgliedsstaaten zur Förderung von Open Access aufgefordert (siehe 3. Kapitel IV).

Abschließend ist festzuhalten, dass Bestimmungen zu Veröffentlichungsrechten sowie Vorgaben zur Dissemination dieser (wie zB Open Access) nicht die charakteristischen Merkmale der Wissenschaftsfreiheit ungerechtfertigt einschränken dürfen. Das Einführen einer Open-Access-Pflicht ist komplex, wobei die unterschiedlichen Interessen der beteiligten Akteure zu berücksichtigen sind. Das normierte Zweitverwertungsrecht ist eine notwendige, aber allein nicht ausreichende Voraussetzung für Open Access. Dienst- und hochschulrechtliche Veröffentlichungspflichten sowie eine rechtliche Verankerung von OA-Verpflichtungen wären wichtig für die Umsetzung, aber kein alleiniger Erfolgsgarant. Die Auswirkungen von Open Access, aber auch Veröffentlichungspflichten, sind stets individuell zu beurteilen und auf die tatsächlichen Publikationsmöglichkeiten der jeweiligen Autorinnen zu prognostizieren. Darauf aufbauend kann man Open-Access-Pflichten (als Förderbestimmungen oder in Form einer Norm oder Satzung) gestalten, so dass sich keine unverhältnismäßigen Folgen ergeben. Der einfachere und bisher in der Praxis verfolgte Lösungsansatz ist, dass Open-Access-Publikation nicht mittels Zwang, sondern durch Anreize und Überzeugung erreicht werden sollen.

5. Abbildungsverzeichnis

6. Literaturverzeichnis

Monografien, Sammelbände, Kommentare

1. *Angelopoulos*, Study on EU copyright and related rights and access to and reuse of scientific publications, including open access, Exceptions and limitations, rights retention strategies and the secondary publication right, 2022.
2. *Ciresa*, Praxishandbuch Urheberrecht, 2. Auflage. 2019.
3. *Chen,* Mapping Scientific Fronties: The Quest for Knowledge Visualization, 2003.
4. *Dokakli/Zemann,* Österreichisches und internationales Urheberrecht, 7. Auflage, 2018.
5. *Hauser*, FHG, Kurzkommentar Fachhochschulgesetz, 9. Auflage, 2020.
6. *Holoubek/Lienbacher*, GRC-Kommentar, Charta der Grundrechte der Europäischen Union, 2. Auflage, 2019.
7. *Jahnel/Pallwein*, Datenschutzrecht, 3. Überarbeitete und aktualisierte Auflage.
8. *Keuth*, Karl Popper: Logik der Forschung, 2013.
9. *Kreutzer/Lahmann*, Rechtsfragen bei Open Science, Ein Leitfaden, 2018.
10. *Kucsko/Handig*, urheber.recht, systematischer kommentar zum urheberrechtsgesetz, 2. Auflage, 2017.
11. *Mayer*, Open Access im Wandel: Infrastrukturen, Monitoring und Governance als zentrale Elemente einer erfolgreichen Transformation. Baseline Report für das Österreichische Bundesministerium für Bildung, Wissenschaft und Forschung, 2022.
12. *Merton*, On the shoulders of giants: A Shandean postscript, 1965.
13. *Muzak*, Bundes-Verfassungsrecht B-VG, 6. Auflage, 2020.
14. *Neuhold/Hummer/Schreuer*, Handbuch des Völkerrechts, Band 1 – Textteil.
15. *Novak,* Universitäten zwischen Freiheit und Verantwortung, Entwicklung und Perspektiven einer Rechtsbeziehung, *2014*.
16. *Öhlinger/Eberhard*, Verfassungsrecht, 11. Auflage, 2016.
17. *Perthold-Stoitzner*, Universitätsgesetz 2002, 6. Auflage, 2022 sowie die 3. Auflage aus 2018.

18. *Pfeil/Grimm/Schöberl*, Personalrecht der Universitäten, 2. Auflage, 2021.
19. *Prabitz,* Open Access, Creative Commons, Urheberrecht, Chancen für die Wissenschaft, Auswirkungen auf Verlage und Autoren, 2014.
20. *Schmidt*, Open Access, Hochschulrechtliche Veröffentlichung- und urheberrechtliche Anbietungspflichten des Hochschulprofessors, 2015.
21. *Strasser* (Hrsg), Organisations-, europa- und immeterialgüterrechtliche Probleme der Universitäten, 1992.
22. *Spindler*, Rechtliche Rahmenbedingungen von Open Access-Publikationen, 2006.
23. *Suber*, Open Access, 2012.
24. *Thiele/Burgstaller*, UrhG Urheberrechtsgesetz, 4. Auflage, 2022.

Beitrag in einer Zeitschrift

1. *Anderl/Heinzl*, Handel mit gebrauchten Gütern in ÖBl 2020/57.
2. *Borbas*, Creative-Commons-Lizenzen: Recht und Praxis in MR 2017.
3. *Bertsch*, Nebenbeschäftigung nach dem Kollektivvertrag der Universitäten, JAS 03/2021.
4. *Eisentraut*, Die Digitalisierung von Forschung und Lehre – auf dem Weg in eine »öffentliche« Rechtswissenschaft?, in Ordnung der Wissenschaft, 3. Auflage, 2020.
5. *Fehling*, Verfassungskonforme Ausgestaltung von DFG-Förderbedingungen zur Open Access-Publikation, in Ordnung der Wissenschaft, 4. Auflage aus 2014.
6. *Gamper*, Wissenschaftsfreiheit: Entwicklung und Herausforderung in Zeiten des Postfaktizismus in zfhr, 4/2018.
7. *Graf/Haux*, Verpflichtung zu Open Access – universitäres Publizieren der Zukunft?, in sui-generis, 2017.
8. *Götting/Lauber-Ronsberg*, Open Access und Urheberrecht, in Ordnung der Wissenschaft, 3 Auflage aus 2015.
9. *Hansen*, Zugang zu wissenschaftlicher Information – alternative urheberrechtliche Ansätze, GRUR Int 2005, 378f.
10. *Hartmann*, Zwang zum Open Access-Publizieren? Der rechtliche Präzedenzfall ist schon da!, LIBREAS, Library Ideas, 32 (2017), 7.
11. *Haug*, Open Access in Baden-Württemberg: Rechtswidriger Zweitveröffentlichungszwang zwischen Urheber- und Hochschulrecht, in Ordnung der Wissenschaft, 2. Auflage, 2019, 89–96.

12. *Höpfner/Amschewitz,* Die Zweitveröffentlichungspflicht im Spannungsfeld von Open Access-Kultur und Urheberrecht, NJW 2019, 2967.
13. *Kuschel,* Urheberrecht und Forschungsdaten, in Ordnung der Wissenschaft, 1. Auflage aus 2020.
14. *Kunz*, Opening Access, Closing the Knowledge Gap? Analysing GC No. 25 on the Right to Science and its Implications for the Global Science in the Digital Age in ZaöRV 81(2021), 32.
15. *Müller/Watt,* Copyright and Open Access for academic Works, in Review of Economic Research on Copyright Issues, 2010, vol. 7(1), 45–65.
16. *Novak*, Veröffentlichungspflicht und Aufgriffsrecht im Lichte der Wissenschaftsfreiheit, in Ordnung der Wissenschaft, 2. Auflage aus 2017.
17. *Sandberger*, Die Zukunft wissenschaftlichen Publizierens, Open Access und Wissenschaftsschranke, Anmerkungen zu den Kontroversen über die Weiterentwicklung des Urheberrechts, in Ordnung der Wissenschaft, 2. Auflage 2017.
18. *Shavell*, Should Copyright of Academic Works be abolished? in Journal of Legal Analysis, 2010, Volume 2, Issue 1, 301–358.
19. *Skre/Eide*, The Human Right to Benefit from Advances in Science and Promotion of Openly Accessible Publications, in NJHR 31:3 (2013), 427–453.
20. *Storr*, Der digitalisierte Forscher in Austrian Law Journal, 2 Auflage, 2017.
21. *Staudegger*, Open Access-Veröffentlichungspflicht für Dissertationen? in Austrian Law Journal, 1. Auflage, 2018.
22. *Streit/Jung,* E-Books im österreichischen Recht in MR-Int 2012, 6.
23. *Titschler*, Das Recht auf Veröffentlichung im Spannungsverhältnis zur Drittmittelforschung, in zfhr, 6 Heft aus 2008.
24. *Topal-Gökceli* in Union Aktuell in ZfRV 2021/7, C. Europarecht: Wissenschaft und Forschung.

Beitrag in Sammelband

1. *Appl*, Der Wissenschaftler und sein Werk, Eine immaterialgüter- und universitätsrechtliche Untersuchung des wissenschaftlichen Arbeitens von Universitätsangehörigen in FS Nowotny (2015), 706–750.
2. *Deppe/Beucke,* Ursprünge und Entwicklung von Open Access in *Söll-*

ner/Mittermaier (Hrsg.): Praxishandbuch Open Access, 2017, 12–20.

3. *Dopplinger*, Staatlichkeit und Grundrechte, in *Fuchs/Merli/Pöschl/Sturn/Wiederin/Wimmer* (Hrsg), Staatliche Aufgaben, private Akteure, Band 3: Neuvermessung einer Grenze, 2019, 77–101.
4. *Grimmberger/Huber* in *Walter/Brünner/Hauser* (Hrsg.), Handbuch des österreichischen Hochschulrechts, 3. Auflage.
5. *Gerdes*, Die Open-Science-Bewegung und ihre Bedeutung für die wissenschaftlichen Bibliotheken: Eine Analyse von Positionspapieren und Entwicklungsperspektiven, in *Zahn/Petras* (Hrsg.), Berliner Handreichungen zur Bibliotheks- und Informationswissenschaft, Heft 428.
6. *Herberger,* Vorwort in *Hamann/Hürlimann (Hrsg.),* Open Access in der Rechtswissenschaft, Sonderheft »Rechtswissenschaft« 2019, 1.
7. *Herb/Pampel*, Open Access in *Kuhlen/Lewandowski/Semar/Womser-Hacker* (Hrsg), Grundlagen der Informationswissenschaft, 2023.
8. *Hoeren*, Medienumbrüche und das Urheberrecht, Eine Einführende Betrachtung in *Schnell* (Hrsg) MedienRevolution. Beiträge zur Mediengeschichte der Wahrnehmung, 2006, 168–169.
9. *Menke*, A Note on Science and Democracy in *Klausnitzer, Spoerhase, Werle* (Hrsg), Ethos und Pathos der Geisteswissenschaften, 2015, 277.
10. *Petscharnig,* Rahmenprogramm für Forschung und Innovation »Horizont 2020« in *Lansky/Matznetter*, EU-Förderungen Handbuch (2016).
11. *Pöschl*, Von der Forschungsethik zum Forschungsrecht: Wie viel Regulierung verträgt die Forschungsfreiheit? in *Körtner/Kopetzki/Druml* (Hrsg), Ethik und Recht in der Humanforschung, Band 5, 2010.
12. *Schachter,* eBooks und Urheberrecht in *Kammerlander* (Hrsg), Expertenforum SpringerRecht.at, 2010, 193.
13. *Seitz,* Die Erwartungen des Bundesministeriums für Bildung, Wissenschaft und Forschung an das wissenschaftliche Bibliothekswesen in *Kasparovsky*, Jahrbuch Hochschulrecht 2020, 131–142.
14. *Welter/Di Rosa*, Lizenzierungsformen in *Kuhlen/Semar/Strauch* (Hrsg), Grundlagen der praktischen Information und Dokumentation, 6. Auflage, 2013.

Online-Dokumente, Websiten sowie sonstige Literatur

1. AG Open Science Strategie, Empfehlungen für eine nationale Open Science Strategie in Österreich des Open Science Network

Austria OANA, abrufbar unter: <https://oana.at/arbeitsgruppen/ag-open-science-strategie/empfehlungen-fuer-eine-nationale-open-science-strategie-in-oesterreich/> (Stand: 12.05.2023)

2. *Amini/Forgo*, Urheberrechtsfragen beim Einsatz von Multimedia an Hochschulen, Ein Leitfaden für die Praxis am Beispiel der Universität Wien, abrufbar unter: <https://phaidra.univie.ac.at/detail/o:28164> (Stand: 12.05.2023)
3. AT2OA, Austrian Transition to Open Access, abrufbar unter: <https://at2oa.at/home.html> (Stand: 12.05.2023)
4. Berliner Erklärung über offenen Zugang zu wissenschaftlichem Wissen, abrufbar unter: <https://openaccess.mpg.de/68053/Berliner_Erklaerung_dt_Version_07-2006.pdf> (Stand: 12.05.2023)
5. Bethesda Statement on Open Access, abrufbar unter: <http://legacy.earlham.edu/~peters/fos/bethesda.htm> (Stand: 12.05.2023)
6. *Böker*, Open Data, Open Access und Nachnutzung, abrufbar unter:<https://forschungsdaten.info/themen/finden-und-nachnutzen/open-data-open-access-und-nachnutzung/> (Stand: 12.05.2023)
7. *Brand,* KEEP DESIGNING, How the Information Economy is being created and shaped by the Hacker Ethic, in Hacker Conference 1984, 49, abrufbar unter: <https://www.tech-insider.org/personal-computers/research/acrobat/8505-a.pdf >(Stand: 12.05.2023)
8. Budapest Open Access Initative, 2002, abrufbar unter <https://www.budapestopenaccessinitiative.org/read/german-translation/> (Stand: 12.05.2023)
9. Bundeskanzleramt, Internationaler Pakt über wirtschaftliche, soziale und kulturelle Rechte (CESCR), abrufbar unter: <https://www.bundeskanzleramt.gv.at/agenda/verfassung/grund-und-menschenrechte/un-menschenrechtsschutz/cescr.html> (Stand: 12.05.2023)
10. Bundesministerium Bildung, Wissenschaft und Forschung,
    - Drittmittelfinanzierung der Hochschulen, abrufbar unter: <https://www.bmbwf.gv.at/Themen/HS-Uni/Hochschulsystem/Drittmittel.html> (Stand: 12.05.2023)
    - Statistisches Taschenbuch – Hochschulen und Forschung 2022, 110, abrufbar unter: <https://unidata.gv.at/Publikationen/Berichtswesen%20BMBWF/Statistisches%20Taschenbuch/Statistisches%20Taschenbuch%202022%20(interaktiv).pdf> (Stand: 12.05.2023)
    - Horizont Europe, abrufbar unter: <https://www.bmbwf.gv.at/

Themen/Forschung/Forschung-in-der-EU/EU-Rahmenprogramme/Horizont-Europe.html> (Stand: 12.05.2023)
- Wissenschaft und Forschung, abrufbar unter: <https://www.bmbwf.gv.at/Themen/Forschung/Forschung-in-%C3%96sterreich/Forschungseinrichtungen.html> (Stand: 12.05.2023)

11. Bundesministerium für Europäische und internationale Angelegenheiten, Österreichische Staatenberichte, abrufbar unter: <https://www.bmeia.gv.at/themen/menschenrechte/oesterreichische-staatenberichte/> (Stand: 12.05.2023)
12. cOAlition S:
    - Plan S, abrufbar unter: <https://www.coalition-s.org/addendum-to-the-coalition-s-guidance-on-the-implementation-of-plan-s/principles-and-implementation/> (Stand: 12.05.2023)
    - Rights Retention Strategy, abrufbar unter: <https://www.coalition-s.org/rights-retention-strategy/> (Stand: 12.05.2023)
13. Creative Commons, Lizenzen, abrufbar unter: <https://creativecommons.org/licenses/by/4.0/legalcode.de#s6a> sowie <https://creativecommons.org/about/cclicenses/> (Stand: 12.05.2023)
14. Deutsches Bundesministerium für Bildung und Forschung, Lizenzvertrag und Offene Lizenzen, abrufbar unter: < https://www.bildung-forschung.digital/digitalezukunft/de/wissen/urheberrecht/urheberrecht-in-der-wissenschaft/lizenzvertrag-und-offene-lizenzen/lizenzvertrag-und-offene-lizenzen_node.html>
15. Deutsche Forschungsgemeinschaft, Ausschuss für Wissenschaftliche Bibliotheken und Informationssysteme (2021): Datentracking in der Wissenschaft: Aggregation und Verwendung bzw. Verkauf von Nutzungsdaten durch Wissenschaftsverlage, abrufbar unter: < https://www.dfg.de/download/pdf/foerderung/programme/lis/datentracking_papier_de.pdf> (Stand: 12.05.2023)
16. Elsevier B.V, Open Access Journal Embargo Finder, abrufbar unter: <https://www.elsevier.com/open-access/journal-embargo-finder/journal-embargo-finder-results?meta_t=&meta_s=&meta_i=&meta_w=&embargo=true&start_rank=1&fmo=1&meta_w_not=n.a> (Stand: 12.05.2023)
17. European Commission, Directorate-General for Research and Innovation, Horizont Europe, the EU research and innovation programme (2021–27) for a green, healthy, digital and inclusive Europe, Publications Office of the European Union, 2021, abrufbar unter:

<https://op.europa.eu/en/web/eu-law-and-publications/publication-detail/-/publication/93de16a0-821d-11eb-9ac9-01aa75ed71a1> (Stand: 12.05.2023)

18. European Commission, Horizont 2020 projects working on the 2019 coronavirus disease (COVID-19), the severe respiratory syndrome coronavirus 2 (SARS-COV-2) and related topics: Guidelines for open access to publications, data and other research outputs, abrufbar unter: <https://ec.europa.eu/research/participants/data/ref/h2020/other/hi/oa-pilot/h2020-guidelines-oa-covid-19_en.pdf> (Stand: 12.05.2023)
19. European Commission, Horizont 2021–2027, General Model Grant, S. 110, abrufbar unter: <https://ec.europa.eu/info/funding-tenders/opportunities/docs/2021–2027/common/agr-contr/general-mga_horizont-euratom_en.pdf>(Stand: 12.05.2023)
20. European Research Area, Open Access Pilot in FP7, abrufbar unter: <https://ec.europa.eu/research/participants/data/ref/fp7/90379/open-access-pilot_en.pdf> (Stand: 12.05.2023)
21. *Emtseva/Golia/Sparks*, Open Access ... And Then? From Access to Participation, VerfBlog, abrufbar unter: <https://verfassungsblog.de/open-access-and-then/> (Stand: 12.05.2023)
22. Empfehlung (EU) 2021/2122 des Rates vom 26. November zu einem Pakt für Forschung und Innovation in Europa, abrufbar unter: <https://eur-lex.europa.eu/legal-content/DE/TXT/?uri=uriserv%3AOJ.L_.2021.431.01.0001.01.DEU&toc=OJ%3AL%3A2021%3A431%3ATOC> (Stand: 12.05.2023)
23. Empfehlung (EU) 2022/2415 des Rat der Europäischen Union vom 2. Dezember 2022 zu Leitprinzipien für die Valorisierung von Wissen. <https://data.consilium.europa.eu/doc/document/ST-13701–2021-INIT/de/pdf> (Stand: 12.05.2023)
24. Executive Office of the President, Office of Science and Technology Policy, abrufbar unter: <https://www.whitehouse.gov/wp-content/uploads/2022/08/08–2022-OSTP-Public-Access-Memo.pdf> (Stand: 12.05.2023)
25. FFG, Die Horizont-2020-Beteiligungsregeln im Überblick, abrufbar unter: <https://www.ffg.at/sites/default/files/downloads/service/horizont2020_neufassung_191213.pdf>(Stand: 12.05.2023)
26. FWF:
    - Über den FWF, Science Europe, abrufbar unter: <https://www.

fwf.ac.at/de/ueber-den-fwf/internationale-aktivitaeten/science-europe> (Stand: 12.05.2023)

- »Rights Retention Strategy« ebnet den Weg für Open Access, abrufbar unter: <https://www.fwf.ac.at/de/news-presse/news/nachricht/nid/20200715-2541> (Stand: 12.05.2023)

27. Forschungsdaten.info, US-Regierung verkündet aktualisierte Open Science Policy, abrufbar unter: <https://forschungsdaten.info/nachrichten/nachricht-anzeige/us-regierung-verkuendet-aktualisierte-open-science-policy/> (Stand: 12.05.2023)
28. *Harari*, Eine kurze Geschichte der Menschheit, 2011.
29. *Harnad, Stevan, Brody, Tim, Vallieres, Francois, Carr, Les, Hitchcock, Steve, Gingras, Yves, Oppenheim, Stamerjohans* und *Hilf*, The green and the gold Roads to Open Access, 2004, abrufbar unter: <https://eprints.soton.ac.uk/259940/> (Stand: 12.05.2023)
30. Koalitionsvertrag zwischen SPD, Bündnis90/Die Grünen und FDP, abrufbar unter: <https://www.bundesregierung.de/resource/blob/974430/1990812/04221173eef9a6720059cc353d759a2b/2021-12-10-koav2021-data.pdf?download=1> (Stand: 12.05.2023)
31. Literar-Mechana, Unsere Leistungen, abrufbar unter: <https://literar.at/%c3%bcber-uns/unsere-leistungen> (Stand: 12.05.2023)
32. *Merton*, The Normative Structure of Science in A Note on Science and Technology in a Democratic Order, 1942, abrufbar unter: <https://www.panarchy.org/merton/science.html#note13> (Stand: 12.05.2023)
33. Mitteilung der Kommission an das Europäische Parlament, den Rat und den Europäischen Wirschafts und Sozialausschuss über wissenschaftliche Informationen im Digitalzeitalter: Zugang, Verbreitung und bewahrung, SEC(2007), abrufbar unter: <https://op.europa.eu/en/publication-detail/-/publication/2a7802cc-71a6-4934-819e-ce74cb31dc41/language-de/format-PDF/source-278856313> (Stand: 12.05.2023)
34. Open Science Network Austria, Über Open Science, abrufbar unter <https://www.oana.at/ueber-open-science/> (Stand: 12.05.2023)
35. Open Science Austria, Glossar, abrufbar unter: < https://www.osa-openscienceaustria.at/open-science/open-science-glossar/>
36. Open Access Network <https://open-access.network>:
    - Geschichte des Open Access, abrufbar unter: <https://open-access.network/informieren/open-access-grundlagen/geschichte-des-open-access> (Stand: 12.05.2023)

- Glossar abrufbar unter: <https://open-access.network/informieren/glossar#c6196> (Stand: 12.05.2023)
- Open-Access-Grundlagen, abrufbar unter <https://open-access.network/informieren/open-access-grundlagen/gruende-und-vorbehalte> (Stand: 12.05.2023)
- Open Access Grün und Gold, abrufbar unter: <https://open-access.network/informieren/open-access-grundlagen/open-access-gruen-und-gold> (Stand: 12.05.2023)
- Open Access und Nachnutzung, abrufbar unter: <https://open-access.network/informieren/open-access-grundlagen/open-access-und-nachnutzung> (Stand: 12.05.2023)
- Open Access während der Covid-19 Pandemie, abrufbar unter <https://open-access.network/informieren/schwerpunktthemen/open-access-waehrend-der-covid-19-pandemie> (Stand: 12.05.2023)
- Was bedeutet Open Access? abrufbar unter <https://open-access.network/informieren/open-access-grundlagen/was-bedeutet-open-access#c7716> (Stand: 12.05.2023)

37. Open Access.nl, In the Netherlands, abrufbar unter: <https://www.openaccess.nl/en/in-the-netherlands> (Stand: 12.05.2023)
38. Open Covid Pledge, abrufbar unter: <https://opencovidpledge.org/v1-0/> (Stand: 12.05.2023)
39. *Rux*, Open Access in Academic Publishing on Law and Jurisprudence, in verfassungsblog.de, abrufbar unter: <https://verfassungsblog.de/open-access-in-academic-publishing-on-law-and-jurisprudence/> (Stand: 12.05.2023)
40. Schlussfolgerung des Europäischen Rates vom 10. Juni 2022 zur Forschungsbewertung und zur Umsetzung der offenen Wissenschaft, 9515/22, abrufbar unter: <https://www.consilium.europa.eu/media/56958/st10126-en22.pdf> (Stand: 12.05.2023)
41. *Schönfelder/de looper/Stavenga*; A new model for transformative agreements and its implentation by a small publisher: enhancing a smooth transition to open access, 2022, Presented at the UKSG 45th Annual Conference and Exhibiti, Telford, UK, abrufbar unter: <https://pub.uni-bielefeld.de/record/2965283> (Stand: 12.05.2023)
42. *Suber*, Timeline of Open Access Movement, abrufbar unter: <https://cyber.harvard.edu/~psuber/wiki/History_of_open_access#Timeline> (Stand: 12.05.2023)

43. UNESCO:
- Press release, UNESCO mobilizes 122 countries to promote open science and reinforced cooperation in the face of COVID-19, abrufbar unter: <https://www.unesco.org/en/articles/unesco-mobilizes-122-countries-promote-open-science-and-reinforced-cooperation-face-covid-19> (Stand: 12.05.2023)
- Recommendation on Open Science, abrufbar unter: <https://en.unesco.org/science-sustainable-future/open-science/recommendation> (Stand: 12.05.2023)

44. Universität Wien:
- Open-Access-Basisinfos, abrufbar unter: <https://openaccess.univie.ac.at/oa-basisinfos/> (Stand: 12.05.2023)
- OA-Förderungen der EU, abrufbar unter: <https://openaccess.univie.ac.at/foerderungen/oa-foerderungen-der-eu/> (Stand: 12.05.2023)
- Satzung der Universität Wien, abrufbar unter: <https://satzung.univie.ac.at/alle-weiteren-satzungsinhalte/qualitaetssicherung/> (Stand: 12.05.2023)

45. Universität Innsbruck, Plan S, abrufbar unter: <https://www.uibk.ac.at/open-access/publizieren/plan-s/> (Stand: 12.05.2023)
46. Universitätsbibliothek J.C. Senckenberg, Diamond Open Access, abrufbar unter: <https://www.ub.uni-frankfurt.de/publizieren/diamond_oa.html> (Stand: 12.05.2023)
47. United Nations, Declaration of Principles, Building the Information Society: a global challenge in the new Millenium, 2004, abrufbar unter: <https://digitallibrary.un.org/record/533621> (Stand: 12.05.2023)
48. Vereinte Nationen, Wirtschafts- und Sozialrat, Ausschuss über wirtschaftliche, soziale und kulturelle Rechte, Allgemeine Bemerkung Nr. 25 (2020), abrufbar unter: <https://www.un.org/depts/german/wiso/e-c12-gc-25.pdf> (Stand: 12.05.2023)
49. *Weitzmann*, Die Lizenzen von Creative Commons in der Praxis, 38 bei einem Vortrag im Rahmen der Veranstaltung »Lizenzangaben und Rechtedokumentationen im Dialog – Datenflüsse nachhaltig gestalten« am 07. November 2017, DNB, Frankfurt a. M, abrufbar unter: <https://www.dnb.de/SharedDocs/Downloads/DE/Ueber-uns/lizenzenImDialogVortragsfolienWeitzmann.pdf?__blob=publicationFile&v=2> (Stand: 12.05.2023

50. Wellcome, Sharing research data and findings relevant to the novel coronavirus (COVID-19) outbreak, abrufbar unter: <https://wellcome.org/press-release/sharing-research-data-and-findings-relevant-novel-coronavirus-ncov-outbreak> (Stand: 12.05.2023)
51. White House, Breakthrougsh für All: Delivering Equitable Access to America's Research, abrufbar unter: <https://www.whitehouse.gov/ostp/news-updates/2022/08/25/breakthroughs-for-alldelivering-equitable-access-to-americas-research/> (Stand: 12.05.2023)

8. Judikaturverzeichnis

Europäische Union

EuGH 1.12.2011, C-145/10, *Painer/Standard*, MR 2012, 73 (Walter)
EuGH 04.10.2011, C-403/08 und C-429/08, *Football Association Premier League*
EuGH 10.4.2014, C-435/12, *ACI Adam*, ecolex 2014/297 (*Zemann*)
EuGH 11.09.2014, C-117/13, *TU Darmstadt gegen Eugen Ulmer KG*
EuGH 29.07.2017, C-476/17, *Pelham*
EuGH 29.07.2019, C-516/17, *Spiegel Online*
EuGH 19.12.2019, C-263/18 *Tom Kabinet*, BB 2020,83 (Upphoff/Reich)

Österreich

OGH 17.06.1986, 4 Ob 309/86
OGH 17.11.1987, 4 Ob 306/86
OGH 21.04.1998, 4 Ob 101/98a
OGH 4 Ob 13/92 MR 1992, 238 (*Walter*)
OGH 4 Ob 62/89 MR 1989, 97 (*Walter*)
OGH 4 Ob 94/92 MR 1993, 65 (*Walter*)
OGH 4 Ob 127/01g MR 2001, 304
OGH 4 Ob 162/08i MR 2008, 362
OGH 4 Ob 274/02a = ecolex 2003, 42 (*Schuhmacher*) = MR 2003, 162 (*Walter*)
OGH 4 Ob 345/98h MR 1999,94 (*Walter*)
OGH 12.08.1996 4 Ob 2202/96v ÖBl 1997,34
OLG Wien 26 BS 374/87 MR 1987, 177
RIS-Justiz RS0076397
RIS-Justiz RS0111447
RIS-Justiz RS0130680
VfSlg 3191/1957
VfSlg 3565/1959
VfSlg 8136/1975
Vfslg 12.094/1984
VfSlg 13.978/1994
VfSlg 19.786/2013
VwGH 27. 6. 2012, 2011/12/0172, VwSlg 18449 A/2012

INFORMATIONS- UND MEDIENRECHT

Band 1
Manuel Reiter *Barrierefreiheit im Zugang zur elektronischen Verwaltung* (2016)

Band 2
Elisabeth Kirschner *Transparenz der Verwaltung. Open (Government) Data, PSI-Richtlinie, Umweltinformation* (2016)

Band 3
Franz Lippe *Haftung und Auskunftspflicht von Forenbetreibern nach MedienG und ECG* (2016)

Band 4
Elisabeth Kirschner *Open Government aus rechts- und verwaltungswissenschaftlicher Sicht* (2016)

Band 5
Manuel Reiter *Smart Government. Konzepte der Verwaltung 4.0 in der Wiener Landesverwaltung* (2017)

Band 6
Marek Gerhalter *Internationale Datentransfers im Lichte der DSGVO und der DSRL-PJ* (2021)

Band 7
Elke Schnötzinger *Das Recht auf Meinungs- und Informationsfreiheit im digitalen Zeitalter* (2021)

Band 8
Johannes Kropej *Kartellrechtliche Bewertung von Geoblocking* (2022)

Band 9
Daniel Kurzmann *Das Spannungsfeld zwischen DSGVO und ePrivacy-RL* (2023)

FSC
www.fsc.org
MIX
Papier | Fördert
gute Waldnutzung
FSC® C083411

Kolibri 360 GmbH
Ferdinand-Jühlke-Straße 7
99095 Erfurt, Deutschland
produktsicherheit@kolibri360.de